SALON S
DER
DIPLOMATIE
KIRSTEN
BAUMANN/
NATASCHA
MEUSER

DOM
publishers

Die Deutsche Bibliothek verzeichnet diese Publikation in
der Deutschen Nationalbibliografie. Detaillierte bibliografische
Daten sind im Internet über http://dnb.ddb.de abrufbar.

ISBN 978-3-938666-38-8

© 2008 by DOM publishers, Berlin
www.dom-publishers.com

Textredaktion Cornelia Dörries
Lektorat Uta Keil
Grafische Gestaltung Daniela Donadei
Fotografie Philipp Meuser
Druck und Bindung Dami Editorial & Printing Services Co. Ltd, China

INHALT

DIE RESIDENZ

Was macht ein Wohnhaus zur Residenz?

Nachdem ich die Diplomatenschule – damals noch recht bescheiden in Bonn-Ippendorf gelegen, heute unter dem Namen »Akademie Auswärtiger Dienst« sehr vornehm in der Villa Borsig in Berlin-Tegel untergebracht – absolviert hatte, versetzte mich das Personalreferat des Auswärtigen Amts an unsere Botschaft in Santiago de Chile. Dort war ich, wie die jüngsten Kollegen eigentlich immer, auch für das »Protokoll« zuständig. Eine meiner ersten Aufgaben war, einen Empfang für deutsche Bundestagsabgeordnete in der Residenz des deutschen Botschafters in der calle Errázurriz vorzubereiten. Ich teilte dem Botschafter mit, dass er zwanzig Gäste, darunter acht Abgeordnete, zu erwarten habe; unglücklicherweise hatte ich aber vergessen, dass die Abgeordneten ihrerseits noch rund einhundert Parlamentarier anderer Länder eingeladen hatten, die sich – wie auch die deutschen Abgeordneten – in Santiago aufhielten, um an einer Konferenz der Interparlamentarischen Union teilzunehmen. Als der Botschafter und ich in der Eingangshalle der Residenz am Abend die ersten Gäste begrüßten, wurde nicht nur ihm schnell klar, dass wir mit knapp zweihundert und nicht mit rund zwanzig Gästen zu rechnen hatten. Er sah mich etwas fragend an und – wie ich fand – vorwurfsvoll. Deshalb versicherte ich ihm, dass er sich bitte keine Sorgen machen solle und wir den Empfang schon meistern würden. Dann ging ich in einen kleinen Nebensalon und rief alle Mitarbeiter der Botschaft an, darunter den Gesandten, den stellvertretenden Botschafter also, und bat sie, wenn möglich schwarzweiß gekleidet, in die Residenz zu kommen, um mir beim Servieren zu helfen, sowie vorher bitte noch entsprechende Mengen an Bier, Wein und Whisky zu kaufen. – Auch noch zwanzig Jahre später finde ich: Dies war tatsächlich einer der lustigsten Empfänge, an denen ich in einer deutschen Residenz teilnehmen durfte.

Wie dieses kleine Missgeschick zeigt, sollte die Residenz eines Botschafters also vor allem über eine Qualität verfügen: eine entsprechende Größe, um das ganze Jahr über viele Gäste bewirten zu können. Ist sie zusätzlich noch von einem schönen Garten oder Park umgeben, umso besser: Dort kann man Sommerfeste feiern oder auch, wenn das Wetter mitspielt, den 3. Oktober, der klimatisch leider so unentschlossen liegt!
Essen und Trinken für Deutschland – dafür ist die Residenz der wichtigste und vornehmste Ort. Ob der Botschafter nun ein Arbeitsfrühstück nutzt, um deutsche Journalisten in einem Hintergrundgespräch über die bilateralen Beziehungen zu informieren, ein Mittagessen für den Außenminister des Gastlandes gibt oder auch einen Abendempfang für Künstler und Schriftsteller – es

geht nicht um Essen oder Trinken, sondern darum, deutsche diplomatische Interessen zu vertreten. Und das gelingt natürlich leichter in angenehmer und kultivierter Atmosphäre!

Die etwa 220 deutschen Residenzen von Accra bis Zagreb sind also nicht nur die Wohnhäuser der deutschen Botschafter. Diese erhalten nur einen kleinen Bereich des Residenzgebäudes zugewiesen, den sogenannten Privaten Teil. Weit größer ist der Amtliche Teil, der für die Repräsentation des Botschafters und seiner Botschaft im Gastland genutzt wird. Die privaten Gemächer der Residenz werden vom Botschafter und seiner Familie einzig und allein privat genutzt und auch jeweils selbst gestaltet, während die Einrichtung und Ausstattung der Repräsentationsräume dem Auswärtigen Amt, Referat »Bau- und Liegenschaftsverwaltung im Ausland« unterliegt.
Man sollte die Bedeutung der Innenausstattung genauso wenig unterschätzen wie das architektonische Äußere unserer Residenzen und Kanzleien. Das Wort Kanzlei bezeichnet übrigens das Gebäude, in dem der Botschafter und seine Mitarbeiter arbeiten, landläufig auch Botschaft genannt. Interieur und Exterieur einer Residenz, einer Kanzlei und in manchen Ländern auch der Visastelle, die oft getrennt von diesen beiden Gebäuden untergebracht ist, sind für aberzehntausende von Menschen das einzige Stück »Deutschland«, das sie je in ihrem Leben zu sehen bekommen. Diese Gebäude vermitteln innen und außen ein stets präsentes Bild unseres Landes. Das Auswärtige Amt gibt sich deshalb sehr viel Mühe, diese Gebäude und ihre Inneneinrichtung entsprechend anspruchsvoll zu gestalten.

In der Regel sind die Gäste in der Residenz eines deutschen Botschafters geladene Gäste. Das muss aber nicht immer der Fall sein. Hin und wieder betreten auch Besucher eine Residenz, die weder eingeladen noch angekündigt sind, dafür aber sehr lange bleiben wollen. So geschah es im Jahr 1980 in La Paz: Nachdem sich General Garcia Meza an die Macht geputscht hatte, suchten viele Bolivianer Schutz in den Botschaften und Residenzen, auch in der deutschen Residenz. Botschafter Johannes von Vacano, für seine aufrechte demokratische Haltung bekannt, lud die Verfolgten zu bleiben ein und hat sich damit bis heute große Anerkennung in Bolivien erworben.
Ob diplomatischen Missionen das Recht zusteht, politisch Verfolgten in ihren Räumlichkeiten Asyl – das sogenannte diplomatische Asyl – zu gewähren, beurteilen Völkerrechtler unterschiedlich. Damit würde unmittelbar in die Souveränität des Empfangsstaates, also in diesem Fall Boliviens, eingegriffen werden. Deshalb wird ein Asylrecht der Mission grundsätzlich nicht anerkannt. Allerdings hätten die bolivianischen Behörden auch nicht in die Residenz des Entsendestaates eindringen dürfen,

da Residenzen, wie alle Räumlichkeiten einer Mission, unverletzlich sind. Vertreter des Empfangsstaates dürfen sie nur mit Zustimmung des Missionschefs betreten. Auch die Fälle des diplomatischen Asyls müssen deshalb letztlich politisch geregelt werden.
Wie in La Paz: Den »Gästen« des Botschafters wurde durch die Vermittlung internationaler Organisationen der Weg ins Exil eröffnet. Heute bekleiden einige von ihnen wichtige Staatsämter in Bolivien.

Nicht Asyl, sondern Zuflucht suchten im Spätsommer und Herbst des Jahres 1989 einige tausend Menschen aus der DDR im Palais Lobkowicz in Prag, dessen barocke Mauern sowohl die Deutsche Botschaft als auch die Residenz beherbergen. Im Februar 1989 überwanden die ersten Flüchtlinge die hinteren Zäune, um auf das Botschaftsgelände zu gelangen. Das eigentliche Drama begann Mitte August 1989, als der Flüchtlingsansturm Tag für Tag rapide anstieg. Ende September 1989 kampierten dann fast viertausend DDR-Flüchtlinge im Palais Lobkowicz und in den Zelten, die im Park aufgestellt worden waren. Der Botschafter und sein Team aller Kollegen und Ehepartner hatten nun täglich einige tausend Menschen zu verköstigen, keine alltägliche Aufgabe, auch nicht für einen Botschafter. Das war mit Bordmitteln nicht mehr zu bewältigen. Täglich fuhr der Botschaftsbus nach Furth im Wald, wo vor allem Gemüse, Unmengen von Bananen und Schulhefte eingekauft wurden. Auf dem Gelände der Botschaft und der Residenz befand sich nämlich auch eine Schule, untergebracht in einem Zelt, in der pünktlich am 1. September 1989 die Erstklässler »eingeschult« wurden. Unterricht erteilten als Lehrerinnen ausgebildete Ehefrauen der Botschaftsangehörigen. Das Palais Lobkowicz, dieses wunderschöne Barockpalais, erbaut in den Jahren um 1702, seit 1753 Prager Stammsitz der böhmischen Adelsfamilie Lobkowicz, stand nun über Monate im Mittelpunkt des politischen Weltgeschehens. Fieberhaft arbeiteten die Diplomaten an einer Lösung des Flüchtlingsdramas. Endlich, am 30. September 1989, betrat Außenminister Hans-Dietrich Genscher den mit Stockbetten vollgestellten Kuppelsaal des Palais, schritt von dort auf den Balkon und sprach: »Wir sind zu Ihnen gekommen, um Ihnen mitzuteilen, dass heute Ihre Ausreise möglich geworden ist.« Viertausend Menschen brachen in einen frenetischen Jubel aus, der mir noch heute in den Ohren klingt. Wenige Wochen später fiel die Mauer.

Natürlich ist Residenz nicht gleich Residenz, und nicht jeder deutsche Missionschef hat das Glück, in einem Palais Lobkowicz zu residieren. Als ich, nach meiner Verwendung in Santiago de Chile, im Jahr 1992 an unsere Botschaft in Tiflis versetzt wurde, wohnten wir zunächst alle in einem Hotel, dem Metechi Palace Hotel. Es gab nach Auflösung der Sowjetunion noch keine Botschaft oder Residenz in der georgischen Hauptstadt. Auch der Botschafter wohnte deshalb im Hotel, im Zimmer 203, in dem sich immerhin ein Bett und ein Schrank befanden, und an der Tür prangte das Schild »Residenz des Botschafters der Bundesrepublik Deutschland«. – Für Empfänge vielleicht etwas zu klein.

Eine Residenz ist eine Residenz – aber nur, wenn ein Botschafter sie sein Zuhause nennt. Übrigens kennt nicht einmal die neueste, 21. Auflage des Brockhaus das Wort in dieser Bedeutung. Danach wäre eine Residenz lediglich die Wohnstätte eines weltlichen oder geistlichen Fürsten. Ein Generalkonsul hingegen mag in einem köstlichen Palais residieren, wie zum Beispiel unser Generalkonsul in Istanbul, aber seine Behausung heißt nicht Residenz, sondern »Leiterdienstwohnung«. Und ein Konsul oder ein Honorarkonsul – sie wohnen einfach irgendwo, in einer Wohnung oder in einem Haus. Der Leiter unserer Vertretung in Masar-e-Scharif, einer Außenstelle der Botschaft Kabul im Norden Afghanistans, lebt zum Beispiel in einem Schlafcontainer. Das dürfte dann wohl nur noch Unterschlupf genannt werden.

Ein Hotelzimmer als Residenz kann Charakter haben, eine Residenz sollte jedoch nie den Charakter eines Hotels haben. Das ist vielleicht der wichtigste Grundsatz für die Inneneinrichtung einer Residenz. Wer eine Residenz betritt, will kein Hotelzimmer, auch nicht der Fünf-Sterne-Kategorie, geschweige denn einen Clubraum sehen, sondern er möchte durch die Innenausstattung atmosphärisch von der Kultur des Gastlandes eingefangen beziehungsweise von einer geschmackvollen Einrichtung, die das historische Zusammenspiel beider Länder bezeugt, bezaubert werden. Besonders elegant sind die Interieurs von Residenzen, deren Möbel und gesamte künstlerische Ausstattung historisch überdauert haben. Eines der weltweit schönsten und bedeutendsten Beispiele hierfür ist das Palais Beauharnais, die Residenz des deutschen Botschafters in Paris.
Dieses Gebäude, 1713 erbaut, erwarb im Jahr 1803 Eugène de Beauharnais, der Stiefsohn von Napoleon Bonaparte, und ließ es in den folgenden Jahren von den bedeutendsten Künstlern und Kunsthandwerkern im Stil des frühen Empire ausstatten. Nur wenig später, im Jahr 1818, verkaufte der mittlerweile als Herzog von Leuchtenberg im bayerischen Exil lebende Eugène das Anwesen samt Möblierung an den preußischen König Friedrich Wilhelm III. Zunächst war das hôtel, so nannte man früher die Stadtpaläste des Landadels, preußische Gesandtschaft. Seit 1968 beherbergt das Palais Beauharnais nun die Residenz des deutschen Botschafters. In seiner Inneneinrichtung ist es einzigartig und ein erlesener Spiegel der deutsch-französischen Kunstbeziehungen des frühen 19. Jahrhunderts. Wer als Gast des Botschafters den Empfangssalon, den

Grünen Salon, betritt, fühlt sich um zweihundert Jahre, in die Zeit des Empire, zurückversetzt. Hier sind Dekoration und Möblierung jener Epoche fast vollständig erhalten (von zwei Fauteuils abgesehen), wie es das Inventar von 1817 bezeugt. Die Holztäfelung des Salons in ägyptisierendem Stil gehört zu den außergewöhnlichen Leistungen des Kunsthandwerks des französischen Empire. Viele Besucher können heute dieses museale Gesamtkunstwerk bestaunen, aber nicht jeder dürfte das Glück haben, so verewigt zu werden wie die Gäste des deutschen Botschafters Leopold von Hoesch, dessen festliche Soiree Max Beckmann zu seinem berühmten Gemälde »Gesellschaft Paris« (1931) inspirierte, das heute im Guggenheim-Museum in New York ausgestellt ist. Das Palais Beauharnais, seit 1818 in »diplomatischen Diensten«, dürfte sicherlich eines der ältesten Gebäude der Welt sein, das bis heute ununterbrochen diplomatisch genutzt wird – erst als Gesandtschaft Preußens, dann als Botschaft des Deutschen Reichs und schließlich als Residenz der Bundesrepublik Deutschland.

Über die Architekturgeschichte der Botschaft und der Residenz als eigenständigem Bautyp ist leider wenig bekannt, und ich befürchte, man kann sie auch nirgendwo nachlesen. Sie beginnt wohl gegen Ende des 15. Jahrhunderts in Italien. In dieser Zeit errichteten die italienischen Stadtstaaten die ersten permanenten Missionen, oder sagen wir lieber Ständigen Gesandtschaften. Es war der Herzog von Mailand, der in der Republik Genua im Jahr 1455 die wahrscheinlich erste Ständige Gesandtschaft überhaupt erstellte. Zu dieser Zeit befanden sich selbstverständlich Residenz und Kanzlei unter einem Dach, unter dem nur der Botschafter und der eine oder andere Legationsrat ihre Depeschen schrieben oder lasen. Eine Trennung der beiden Gebäude erfolgte eigentlich erst nach dem Ersten Weltkrieg, als die Residenzen kleiner und die Kanzleien größer wurden. Einige Residenzen allerdings waren groß genug, um weiterhin beide Funktionen gemeinsam zu beherbergen, wie das Palais Lobkowicz in Prag oder die deutsche Vertretung in London am Belgrave Square.
Der Neubau einer Botschaft oder einer Residenz eigens zu diesem Zweck war bis Anfang des 20. Jahrhunderts eher selten. Diese Ausnahmen kann man heute in Istanbul bewundern, wo Mitte des 19. Jahrhunderts England, Russland, Frankreich – und später auch das Deutsche Reich – eindrucksvolle Botschaftspaläste erbauen ließen. Mit den Bauten wollten diese Großmächte die Bedeutung, die sie den bilateralen Beziehungen zum Osmanischen Reichen beimaßen, auch architektonisch versinnbildlichen.
Der gewollte Fingerzeig durch diplomatische Architektur ist in heutiger Zeit bei allen Staaten wieder sehr beliebt: »Schaut her, diese Residenz zeigt, wie demokratisch wir sind (viel Glas!); und diese Kanzlei, die zeigt, wie weltof-

fen wir sind (noch mehr Glas!); oder – die Residenz als Energiesparhaus (nur noch Glas)!«
Wie Sie sehen, verstehe ich nicht viel von Architektur; für mich bleibt es dabei: Auch eine Residenz ist, wie jedes Gebäude der Welt, entweder schön oder hässlich.

Die Residenz als Schauplatz diplomatischen Asyls oder einer Massenflucht ist eher selten und natürlich nicht der Alltag eines Botschafters. Das tägliche Leben in der Residenz ist Repräsentation, und das ist Arbeit, viel Arbeit – und nicht immer amüsant. Schon Graf Kaunitz, der in den Jahren 1750 bis 1753 als Gesandter des Wiener Hofs in Paris diente, antwortete auf die Frage, warum er denn zurückgezogen wie ein Privatmann lebe und so gar keine Gastmahle und Bälle gebe: »Ich bin nur zweier Dinge wegen in Paris, für die Geschäfte der Kaiserin: Ich verrichte sie gut – und für mein Vergnügen: Darüber habe ich nur mich zu befragen. Das Repräsentieren würde mir Langeweile machen.«
Zu Zeiten Graf Kaunitz' und bis zum Zweiten Weltkrieg war das Dinner, also das gesetzte Abendessen, das wesentliche Repräsentationsmittel der Diplomatie. Man blieb unter sich, lud das Diplomatische Corps oder Mitglieder der Regierung ein. Auch heute noch, im Zeitalter der Demokratie, bitten Botschafter selbstverständlich ihre Kollegen und Minister zu gesetzten Abendessen, häufiger allerdings öffnen die Residenzen ihre Türen für Empfänge. Diplomatie besteht heute nicht mehr nur aus Gesprächen und Verhandlungen des Botschafters und seines Stabs mit der Gastregierung, sondern vor allem aus dem Kontakt mit Journalisten, Wissenschaftlern, Unternehmern und Künstlern des Gastlandes. Der Empfang ist somit zu einem wichtigen Mittel der »Öffentlichen Diplomatie« geworden. Als moderne Form der Repräsentation löst er zum Glück auch viele protokollarische Probleme, vor allem der Sitzordnung, ins Nichts auf: Alle stehen und sitzen, wo sie wollen.
Gesetzte Abendessen erfordern weiterhin eine Sitzordnung, aber heute wird sich häufiger danach gerichtet, wer wem wirklich etwas zu sagen hat und nicht danach, wer protokollarisch höher steht. Gar keine Rolle mehr spielt das Problem der diplomatischen Rangfolge, eine über Jahrhunderte mit Hingabe geführte Auseinandersetzung von Völkerrechtlern und Diplomaten. Wer war wirklich wichtiger, der Papst, der Kaiser, Frankreich oder England? Diese Frage ist ein für allemal durch das Prinzip der Anciennität gelöst, das heißt der Missionschef, der früher im Empfangsstaat sein Amt angetreten hat, steht im protokollarischen Rang vor dem zeitlich nachfolgenden Missionschef.
Empfänge rücken aber ein anderes Problem einer jeden Einladung stärker als bisher in den Vordergrund: die Gästeliste! Wer soll eingeladen werden? Wer kann mit wem, wer kann mit wem nicht, wer sollte mal mit wem sprechen … und wer sollte wem lieber nie begegnen?

Welcher Journalist schreibt wirklich danach, dass wir ein tolles Land sind und welcher kritisiert nur wieder die Häppchen? Wer muss eingeladen werden, damit das deutsche Unternehmen endlich den Auftrag für den Bau des neuen Flughafens bekommt? – Fragen über Fragen, und so verwundert es nicht, dass es im Vorzimmer des Botschafters nicht immer zu den beliebtesten Aufgaben zählt, Gästelisten zu erstellen.
Wann ist ein Empfang nun erfolgreich? Das hängt natürlich davon ab, ob die Bewirtung gelungen war – die wiederum hängt vom Geld ab und berührt damit ein uraltes diplomatisches Problem: den Aufwand. Alle Botschafter, auch die von Rang und Namen wie Bismarck und Talleyrand, haben sich in regelmäßigen Abständen darüber beschwert, dass ihre Monarchen ihnen zu wenig Mittel für ihre repräsentativen Verpflichtungen zur Verfügung stellten. Das hat sich bis in unsere Zeit nicht geändert. Natürlich ist heute alles gesetzlich geregelt; der Botschafter erhält eine sogenannte Aufwandsentschädigung, und selbstverständlich glaubt jeder Botschafter eines jeden Landes, dass sie zu gering sei. Zum Glück gibt es Sponsoren – große Unternehmen, die gern einmal ihre Produkte auf einem Empfang zur Schau stellen.

Es kommt der Tag, an dem auch Seine Exzellenz, der Botschafter, die Residenz räumen muss. Dann heißt es Koffer packen, weil Missionschefs grundsätzlich nicht länger als drei Jahre auf einem Posten bleiben. Länger wäre nicht gut, denn Botschafter wie alle Diplomaten liefen dann wohl Gefahr, eher die Interessen des Gastlandes zu vertreten als die eigenen. Nur in seltenen Fällen müssen Botschafter das Land früher verlassen, weil sie zur persona non grata erklärt werden oder dem Gastland nicht mehr genehm sind.
Für gewöhnlich endet jedoch der Auftrag eines Botschafters, weil er in ein anderes Land versetzt oder – ein hartes Los – in den Ruhestand verabschiedet wird. Vorbei sind leider die Zeiten, als Altersgrenzen noch unbekannt waren und Talleyrand im Jahr 1830 mit 76 Jahren zum französischen Botschafter in London ernannt wurde. Vielleicht ist es aber auch gut so. Denn die Diplomatie ist wie die Ehe: Am Anfang ist sie am schönsten!

Minsk, 25. März 2008

Fried Nielsen
Ständiger Vertreter
Deutsche Botschaft Minsk

DIE
SALONS

ALGERIEN

Überall finden sich landestypische Tapisserien, Kelims und Gemälde einheimischer Künstler.

Hier gibt es alles, was zum großbürgerlichen Traum eines Vorstadtidylls gehört. Ein apartes Herrenhaus, gleich nebenan ein Gästehaus, hohe alte Bäume sowie ein parkartiger Garten mit blickdichtem Grün. Es ist ein ruhiger, friedlicher Ort, den sich die algerische Botschaft als Wohnsitz für ihren Repräsentanten ausgesucht hat. Gelegen im nordwestlichen Berliner Bezirk Wittenau, präsentiert sich das Anwesen sowohl als behagliches Refugium wie auch als gastfreundliche Adresse für Besucher aus aller Welt. Die Räume in dem großzügigen Gebäude atmen Frische und sind von viel Weiß und dem warmen, erdigen Kolorit des nordafrikanischen Landes geprägt. Bemerkenswert sind die fein gearbeiteten Holzvertäfelungen, die dem Interieur eine gewisse Gravität verleihen, ohne dabei die leichte, lichte Stimmung des Hauses zu schmälern. Überall finden sich landestypische Tapisserien, Kelims, Keramik und Gemälde berühmter einheimischer Künstler. Viele Werke stammen von der algerischen Künstlerin Haddad Fatma Baya Mahieddine (Baya), deren surrealistische Malerei die Anerkennung von André Breton und Pablo Picasso fand. Doch es sind vor allem die warmen Pastelltöne und die vielen dekorativen Details, die an das ferne nordafrikanische Land erinnern. In diesem Haus ist man ihm nah.

ARMENIEN

Zurückhaltung und behaglicher Charme prägen die Einrichtung des Hauses.

Die alten Bäume verraten, dass es sich um ein historisches, ruhiges Anwesen handeln muss. Und richtig, die heutige Residenz des armenischen Botschafters diente nach ihrer Errichtung im Jahr 1930 zunächst als privates Wohnhaus. Es ist eine unaufgeregte Gegend Berlins, für die sich die Vertretung des Kaukasus-Staates entschieden hat. Hier, in einem nordwestlichen Ausläufer von Charlottenburg, fühlt sich die große Stadt langsamer und weniger aufreibend an. Und Zurückhaltung und behaglicher Charme prägen auch die Einrichtung des Hauses. Im Jahr 1994 umfangreich renoviert, wahrt das Gebäude den Charakter einer schmucken Landvilla. Die Einrichtung gibt sich ebenfalls unprätentiös, gleichwohl einladend und gemütlich. Armenische Kunst, wohl platzierte Arrangements mit wertvollen Schmuckstücken sowie Teppiche

und ausladende, bequeme Sofas verweisen dezent auf die vorderasiatischen Traditionen der Bewohner. Wer jedoch etwas genauer hinsieht, erkennt in vielen Details ein immer wiederkehrendes Thema: Wasser. Ob es der Sehnsucht einer kleinen Bergnation geschuldet ist, die zwischen engen Hochtälern und kargen, schneebedeckten Gipfeln lebt und keinen Zugang zum offenen Meer hat? Es ist ein schwermütiges Land – nicht größer als Brandenburg –, das auf eine lange, mitunter tragische Geschichte zurückblickt und sich gegen alle Anfeindungen von außen immer wieder auf seine christliche Religion besann. Davon erzählen viele Gemälde hier im Haus. Denn gerade bei einer so kleinen Nation, die nicht mehr Einwohner hat als die Stadt Berlin, gilt einmal mehr: Auch das Private ist manchmal politisch.

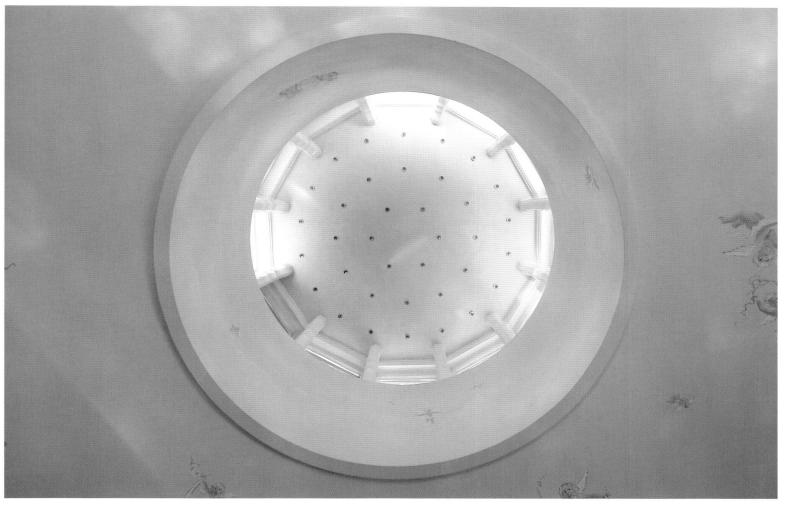

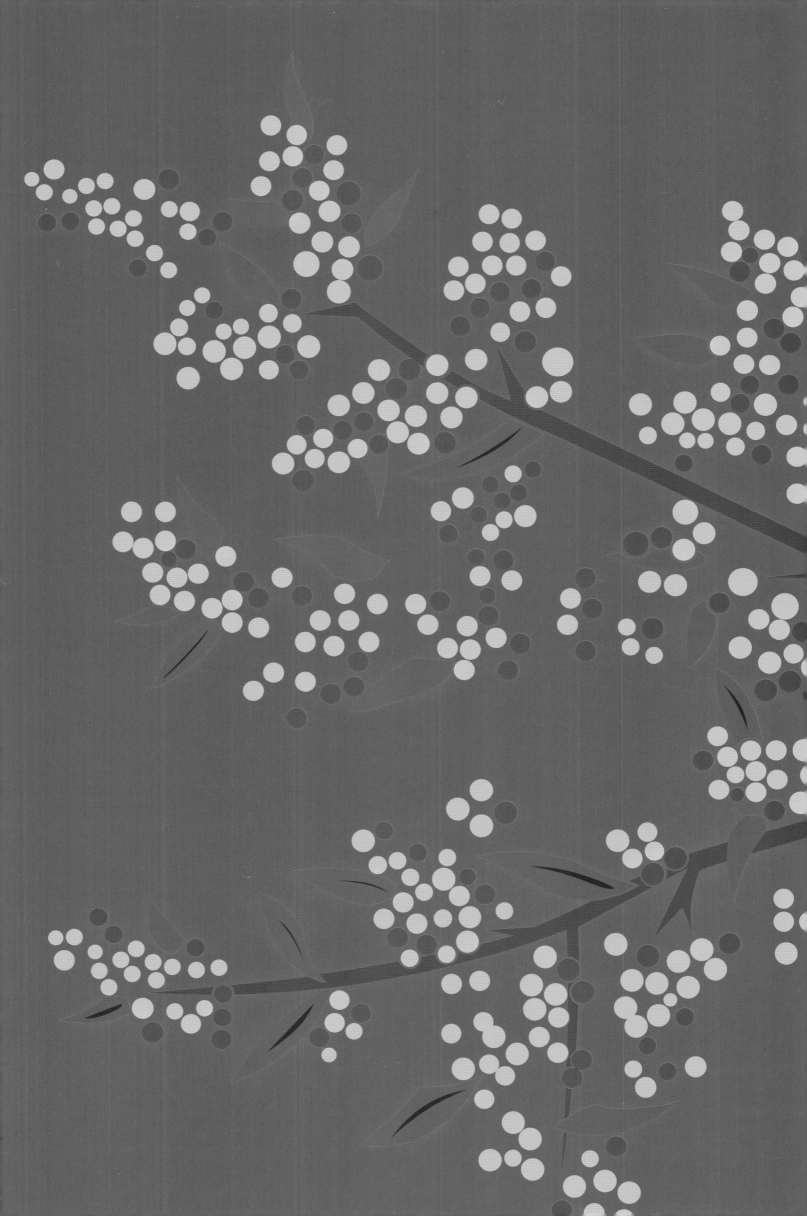

AUSTRALIEN

An den Wänden hängt junge australische Kunst, die ohne demonstrative Folklore auskommt und einfach nur guten Geschmack und feinsinnige Auswahl belegt.

Als der fünfte Kontinent mit dem Anbruch des 20. Jahrhunderts seine Unabhängigkeit von der britischen Krone erlangte, wurde hier im Grunewald viel gebaut. Das morastige Waldgebiet, bevorzugtes Jagdrevier der hochwohlgeborenen Herrschaften aus dem Berliner Stadtschloss, hatte man ein paar Jahre zuvor zu einer Art suburbanem Entwicklungsgebiet erklärt. Der kaiserliche Masterplan sah die Errichtung von Villenkolonien für Rentiers, Unternehmer und vermögende Politiker der rasch zu Geld gekommenen Hauptstadt vor. Es funktionierte. Das Viertel stieg zur bevorzugten Adresse Berlins auf und konnte diesen Ruf über alle Zeitenwenden bewahren. Zu seinen schönsten Ecken gehört zweifellos auch die Douglasstraße, in der pünktlich zur Jahrtausendwende die Residenz des australischen Botschafters fertiggestellt wurde. Die Kühle des modernen Neubaus

mit dem zackigen Vordach trägt: Im Inneren herrschen die warmen, sonnigen Farben Australiens. Freundlich und offen präsentieren sich die Räumlichkeiten für Empfänge und offizielle Anlässe, die im vorderen Teil des Hauses liegen und von den privaten Zimmern der Familie separiert sind. An den Wänden hängt junge australische Kunst, die dankenswerterweise ohne demonstrative Folklore auskommt und einfach nur guten Geschmack und feinsinnige Auswahl belegt. Anstelle einer Einrichtung aus einem Guss bevorzugen die Hausherren eine gediegene Assemblage verschiedener Stile und Stimmungen; es gibt ausgesprochen wohnliche Bereiche, aber auch Zimmer, die in ihrer Sachlichkeit einen eher dienstlichen Charakter haben. Wer genau hinsieht, wird in kleinen Details die Überbleibsel des Kolonialstils erkennen – Grüße aus der Neuen Welt.

BELGIEN

Kakaofarbenes Holz und sahnig-cremige Farben bieten den ausgesuchten antiken Stücken einen sehr ruhigen, warmen Hintergrund.

Man weiß nicht so genau, wofür Belgien berühmter ist: für seine Pommes frites, Brüsseler Spitzen oder die feine Schokolade. Irgendwie gehört das alles zusammen, und dass Belgien diese widerstreitenden Formen des Wohllebens vereint, dürfte auch mit der großen Koalition aus verschwenderisch-luxuriöser Lebensart à la française und einer eher niederländisch inspirierten Bodenständigkeit zu tun haben, die sich im Belgischen zu einer sehr angenehmen Form des Understatements vereint haben. Wie auch immer, in der Residenz des belgischen Botschafters spiegelt sich diese Besonderheit in Form von solider, zurückhaltender Eleganz wider. Die Räume in der gründerzeitlichen Industriellenvilla im Berliner Westen gewinnen ihren Reiz aus der Verbindung von pfleglich aufgefrischter Altbausubstanz und modernen Attributen nach dem Entwurf der Berliner Architektin Gesine Weinmiller. Sie zollte der historischen Ausstattung des herrschaftlichen Hauses nicht nur Respekt, sondern nutzte auch die vorhandenen Elemente als Ausgangspunkt für die Neuerungen. Farblich gibt sich das Interieur sehr zurückhaltend, gleichwohl mit ausgesucht kulinarischem Bezug. Kakaofarbenes Holz und sahnig-cremige Farben bieten den ausgesuchten antiken Stücken einen sehr ruhigen, warmen Hintergrund. Klare Linien, schmeichelnde Harmonien und wenige, pointierte Kontraste sorgen für eine stille, entspannte Atmosphäre, die typisch ist für gepflegte, bürgerliche Wohnkultur. Während sich die Privaträume im Obergeschoss befinden, gehorcht im unteren Bereich alles dem Gebot der Repräsentativität. Anstelle persönlicher Stücke findet man hier ausschließlich die Accessoires der diplomatischen Inszenierung. Der größte Raum dient als Esszimmer und öffnet sich über ein verglastes Halbrund zum Garten.

BRASILIEN

Wenn eine leichte Brise durch die offenen Schiebe-türen ins Zimmer weht und draußen die Möwen kreischen, ist die Illusion perfekt. Hier wähnt man sich am Meer.

Wenn eine leichte Brise durch die offenen Schiebetüren ins Zimmer weht und draußen Möwen kreischen, ist die Illusion perfekt. Hier wähnt man sich am Meer. Dabei befindet man sich in der strandfernen Hauptstadt der Kachelöfen und für das maritime Gefühl reichen Spree-möwen und ein bisschen Sonne. Für den eigentlichen Zauber sind die Räumlichkeiten verantwortlich, in denen sich das Botschafterpaar Brasiliens eingerichtet hat. Luftig, hell und leicht präsentiert sich die Residenz in Berlin-Mitte, direkt neben dem Märkischen Museum, wo die Botschaft des südamerikanischen Landes einen eher nüchternen Verwaltungsbau bezogen hat und die Wohnung ihres obersten Repräsentanten in die obersten Stockwerke des Hauses legte. Der Blick aus den großen Fenstern und von der Terrasse über dem Fluss reicht von der Kulisse des modernen Städtebaus, die den östlichen Horizont prägt, über den Fernsehturm bis zum Berliner Dom und dem Reichstagsgebäude. Es ist ein unerhörtes Privileg, dem die Gestaltung der gut 3.000 Quadratmeter Wohnfläche auch angemessen Tribut zollt. So entstand eine Atmosphäre, die mehr an eine weitläufige Edel-Hazienda erinnert als an die europäischen Spielarten des Loft Living. Der glanzpolierte Natursteinboden, eine eindeutige Reminiszenz an die Ein-richtungstraditionen der tropischen Heimat, wird in seiner Kühle von schönen Polstermöbeln und Teppichen ausba-lanciert, die aus vier anderen, inzwischen geschlossenen Vertretungen Brasiliens stammen. Doch vieles gehört auch zum Privatbesitz des Hausherren. Einen besonderen Blick-fang stellen die zahlreichen Werke junger brasilianischer Künstler dar, die nahezu alle Räume schmücken.

CHILE

Die Atmosphäre der Räumlichkeiten ist von einer nach innen zunehmenden Intimität und Zurückgezogenheit gekennzeichnet.

Die Rheinbabenallee am westlichen Rand Berlins ist als Adresse der internationalen Diplomatie schon lange etabliert. Denn in der vornehmen Wohngegend am Grunewald befinden sich etliche Botschafterresidenzen. Auch der oberste Vertreter der Andenrepublik Chile ist hierher gezogen. Der Neubau der chilenischen Architekten Gonzalo Mardones Viviani befindet sich auf einem großzügigen Gartengrundstück und nimmt mit seiner Architektur Bezug auf die verloren gegangene Geschichte des Ortes. Denn die Aufteilung des Außenraums erinnert ebenso wie das Volumen des Gebäudes an das große alte Haus, das einstmals hier stand und bis zu seinem baubedingten Abriss als Altersheim diente. Das neue viergeschossige Gebäude aus weißem Beton ist eine klare Reverenz an die internationale Moderne und präsentiert sich zur Straßenseite hin mit einer ausdrucksstarken Fassade. Der Eingang ist förmlich in den Kubus geschnitten und bildet als eine Art Vektor zugleich die Hauptachse des gesamten Baus. Die Atmosphäre der Räumlichkeiten ist von einer nach innen zunehmenden Intimität und Zurückgezogenheit gekennzeichnet; die repräsentativen Funktionen der Residenz sind in den vorderen Bereichen lokalisiert. Wie viele Gesandtschaften spielt auch die Residenz des chilenischen Botschafters mit der Symbolik des fernen Heimatlandes. So soll das Reinweiß des Hauses an die Schneegipfel der Anden erinnern, während die kupfernen Fensterkästen eine Reminiszenz an die Bodenschätze des Landes darstellen. Die Innenräume baden in Licht; die strengen Linien der Architektur werden vom Schattenspiel mal gemildert, mal verstärkt – je nach Tageszeit und Sonneneinfall. Die Klarheit des Entwurfs, die Strenge des Volumens sowie seine erhabenen Fassaden und großzügigen Innenräume verleihen dem Gebäude eine reine, geradezu transzendente Qualität.

DÄNEMARK

Im großen Salon kann man noch heute die kubistisch inspirierte Stuck-decke bewundern, deren in die End-losigkeit addiertes Sternmuster an die expressionistischen Dekors der Filme aus der damaligen Zeit erinnert.

In diesem Haus muss man damit rechnen, auf eine un-verhüllte junge Dame zu treffen. Man kennt sie vielleicht schon aus Kopenhagen, wer weiß. In Berlin begegnet man ihr in der Podbielskiallee in Dahlem, als Bronzefigur, in Keramik oder aus schwerem Eichenholz. Die Rede ist von der kleinen Meerjungfrau, die auch in der Residenz des dänischen Botschafters Einzug gehalten hat. Sie genießt freilich ein luxuriöses Exil: die 1923/24 errichtete Villa Sternberg des Architekten Hermann Karpenstein. Das weitläufige Anwesen mit einem an der Ostflanke des Gebäudes platzierten Pergolenrundgang von Hermann Muthesius wurde in den Sechzigerjahren geteilt, Garten und Villa stehen heute unter Denkmalschutz. So konnten auch die Extravaganzen im Inneren des Hauses geret-tet werden. Im großen Salon kann man noch heute die kubistisch inspirierte Stuckdecke bewundern, deren in die

Endlosigkeit addiertes Sternmuster an die expressionis-tischen Dekors der Filme aus der damaligen Zeit erinnert. Der Kamin wiederum wartet mit ägyptischen Ornamenten auf, die sich mit den bunten Teppichen, Möbeln verschie-dener Epochen und den pastell-pudrigen Farben der Wän-de zu einem vitalen, frischen Ensemble vereinen. Immer wieder trifft man auf klassisches dänisches Möbeldesign, das sich bestens in die herrschaftlichen Räume fügt. Der Stil ließe sich, wenn man will, als unbeschwerter Eklekti-zismus beschreiben, zu dem auch die einzige Neuerung des Gebäudes passt. Weil die Räume der Villa Sternberg für die repräsentativen Aufgaben nicht ausreichten, fügten die Architekten Dierks, Kunze und Oevermann an der Nordseite eine luftige Orangerie hinzu. Der moderne An-bau mit den Holzlamellen dient bei größeren Empfängen als Esszimmer und bietet 36 Personen Platz.

ECUADOR

Großbürgerliche Wohnwelten vermischen sich unaufdringlich mit dem Zubehör der diplomatischen Repräsentation.

Es dürfte hierzulande kaum eine Adresse geben, die es in Sachen Schönheit und Noblesse mit der Seestraße in Potsdam aufnehmen kann. In den schlossartigen Villen am Ufer des Heiligen Sees halten die Reichen, Mächtigen und Berühmten des Landes Hof. Und auch dabei: der Botschafter von Ecuador. Was anfangs vielleicht wie eine Notlösung aussah, dürfte dem Repräsentanten des kleinen Landes inzwischen zahllose Neider eingebracht haben. Denn als Ende der Neunzigerjahre alle Welt nach schicken Liegenschaften für ihre Botschaften und Residenzen in der deutschen Hauptstadt suchte und der Platz knapp wurde, entschied sich Ecuador fast notgedrungen für die etwas angejahrte Industriellenvilla in der Berliner Vorstadt, unweit der Glienicker Brücke. Die edle Randlage wartet mit einem eigenen Anlegesteg am schilfbestandenen

Seeufer auf, zu dem der parkartige Garten sanft abfällt. Gegenüber prangt das Marmorpalais von Baumeister Carl von Gontard, und der Morgenspaziergang führt mitten durch das UNESCO-Weltkulturerbe des Neuen Gartens. Das repräsentative Haus selbst durchweht nach Jahren der Nutzung durch die französische Militärgarnison endlich wieder eine sonnige, lichte Atmosphäre, die vor allem den hellen warmen Farben und vielen exotischen Pflanzen zu verdanken ist. Die Großzügigkeit der Raumfluchten wurde wiederhergestellt, historische Details wurden sorgsam restauriert. Großbürgerliche Wohnwelten vermischen sich unaufdringlich mit dem Zubehör der diplomatischen Repräsentation. Folkloristische Souvenirs finden sich neben feinen Leuchtern und Silbergeschirr. Glanzvolles Parkett. Ja, das auch.

ESTLAND

Und so kam es, dass mit dem Zerfall der Sowjetunion und der nationalstaatlichen Renaissance Estlands auch das Botschaftsgebäude mit neuem Leben erfüllt wurde.

Manchmal können Häuser ergiebiger sein als ein mehrbändiges Geschichtslexikon. Zugegeben, von diesen Gebäuden gibt es in Berlin einige, doch nur die wenigsten können auf ein solches Happy End verweisen wie die Botschaft Estlands. 1880 als imponierendes Wohnhaus an der Hildebrandstraße am Tiergarten errichtet, wurde es 1920 von dem gerade gegründeten Estland bezogen. Es war die Zeit nach dem Ersten Weltkrieg, als viele junge Staaten auf dem diplomatischen Parkett debütierten und in Berlin nach einem Sitz für ihre Botschaft suchten. Doch das Glück der nationalen Souveränität währte nicht lange; nur zwei Jahrzehnte später – der Flächenbrand des Zweiten Weltkriegs hatte gerade begonnen – wurden die baltischen Staaten von der Sowjetunion annektiert. Von einem Tag auf den anderen verlor das Gebäude mit seinem Hausherrn auch seinen Zweck. Doch es blieb im Bombenkrieg um Berlin weitgehend unbeschädigt und wurde nach 1945 vom Bezirk Tiergarten als Wohnhaus vermietet. Das nicht mehr existierende Estland blieb

jedoch der mehr als virtuelle Besitzer des Hauses. Und so kam es, dass mit dem Zerfall der Sowjetunion und der nationalstaatlichen Renaissance Estlands auch das Botschaftsgebäude mit neuem Leben erfüllt wurde. Der estnische Architekt Olavi Nõmmik verstand es, mit seinem Entwurf die verschütteten Qualitäten der Villa wie einen Schatz zu bergen und in den alten Mauern einen modernen Konsulatsbetrieb mit den Repräsentationsansprüchen der Botschaft sowie einer großzügigen Residenz zu integrieren. Das Interieur ist stark vom privaten Stil der Hausherren geprägt: Überall finden sich persönliche Gegenstände und Souvenirs. So ist auch die schwere, alte Schreibmaschine auf dem Schreibtisch mehr als ein dekoratives Fossil. Als die estnischen Diplomaten im Jahr 1940 ihre Botschaft räumen mussten, mauerte ein Mitarbeiter das gute Stück einfach ein. Er wollte es den Sowjets nicht in die Hände fallen lassen. Bei der Sanierung im Jahr 2000 tauchte die Maschine wieder auf. Wie gesagt, solche Geschichten stehen in keinem Lehrbuch.

FINNLAND
Und auch die Inneneinrichtung fügt sich dem Bild von diesem großen, scheuen Land.

Es ist nicht so, dass zwischen dem unauffälligen, fast bescheidenen Gebäude in Berlin-Nikolassee und dem großen Land am Polarkreis eine Wahlverwandtschaft bestehen würde. Aber das zurückhaltende Wohnhaus aus dem Jahr 1921 passt in seiner Ehrlichkeit auf jeden Fall besser zu Finnland als ein prunkvoller Palast. Und auch die Inneneinrichtung fügt sich dem Bild von diesem großen, scheuen Land, das selten in den Schlagzeilen ist und trotzdem ohne viel Aufhebens gute Telefone, die besten PISA-Ergebnisse und großartiges, weltberühmtes Design hervorbringt. Die Residenz wurde von der finnischen Innenarchitektin Päivi Bergroth eingerichtet, der es gelang, klassisches Design und moderne Architektur höchst elegant miteinander zu vereinen und der obligatorischen Repräsentativität etwas originär Skandinavisches zu verleihen.

Das Leitmotiv für den Entwurf bot die neue deutsche Hauptstadt selbst: Die legendären Zwanzigerjahre prägen den Stil der Einrichtung, freilich in ihrer finnischen Spielart: erdige Töne, viel Holz und rustikales Schnitzwerk. Die passenden Möbel zu diesem Konzept zu finden, war keine leichte Aufgabe. Damals gab es ausschließlich maßgefertigte Einbauten, die heutzutage nur mit aufwändigen Expeditionen in europäische Antiquitätengeschäfte aufzutreiben sind. Doch diese Mühe hat sich gelohnt. So sitzen die Gäste im Wintergarten auf weißen Stühlen, die Eliel Saarinen, Vater der berühmten finnischen Architektendynastie, damals für eine Pension entworfen hat. Ein beeindruckendes Fundstück prägt auch die Stimmung im Salon. Der Tisch mit seinen massiven Beinen in Form von majestätischen Adlern stammt aus einer Einrichtung, die 1925 auf der Pariser Weltausstellung präsentiert wurde.

100 RESIDENZ DES BOTSCHAFTERS
FRANKREICH

FRANKREICH

Spannungsreiche Architektur, zeitgenössische Kunst, französische Eleganz: Klarheit, Großzügigkeit und Offenheit prägen das Gebäude.

Der Neubau von Pritzker-Preisträger Christian de Portzamparc vereint an historischer Stelle Botschaft, Konsulat und Residenz des französischen Botschafters und präsentiert sich als hochklassiges Ensemble zeitgenössischer Architektur à la française. Das Grundstück am Brandenburger Tor wurde weiland von Napoleon III. erworben und diente bis zum Zweiten Weltkrieg als Sitz des französischen Gesandten. Die Ruine des 1945 zerstörten barocken Stadtpalais wurde 1959 abgetragen; dann verschwand die Adresse für mehr als vier Jahrzehnte aus dem Bewusstsein der geteilten Stadt, denn der Pariser Platz war bis zum Fall der Mauer ein leeres Niemandsland zwischen den verfeindeten Systemen. Von diesen Verwerfungen der Weltgeschichte hat sich der Ort überraschend schnell erholt. Das ungewöhnliche Botschaftsgebäude verbirgt hinter seiner horizontal gegliederten, abstrakt-modernen Fassade eine spannungsreiche Architekturcollage aus offenen und geschlossenen

Räumen, die von Klarheit, lichter Großzügigkeit und einer heiter-eleganten Stimmung geprägt sind. Sogar die Öffentlichkeit hat bisweilen die Möglichkeit, das Interieur des Hauses zu besichtigen: Im Erdgeschoss wurden Räume für kulturelle Veranstaltungen und Filmvorführungen eingerichtet, die vom Nebeneingang in der Wilhelmstraße zu erreichen sind. Die Residenz selbst liegt im Westteil und ist mit dem Rest des Hauses über ein helles, weiträumiges Treppenhaus verbunden. Natürlich spiegeln auch die großzügigen Privaträume des Botschafters die charakteristische Handschrift des Architekten wider: geradlinig, klassisch, schön. Moderne Formen und Materialien bilden ein Wechselspiel von Repräsentativität und Privatheit und versprühen Eleganz und Harmonie. Von den großen Fenstern der Residenz lässt sich das wahrscheinlich herrlichste Privileg dieser Adresse genießen: der schöne Blick auf das grüne Geviert zwischen Hotel Adlon und Brandenburger Tor.

GROSS-BRITANNIEN

Und es ist auch keine Überraschung, dass am Eingang ein Butler wartet.

Mag sein, dass es Einbildung ist, doch schon von außen wirkt das Haus irgendwie britisch. Der lang gestreckte Bau mit seinen grünen Fensterläden steht auf einer kleinen Anhöhe, umgeben von Grün und hohen Bäumen, und es ist auch keine Überraschung, dass am Eingang ein Butler wartet. Hochherrschaftlich ging es hier von jeher zu. Das 1930 im Stil einer großzügigen ländlichen Villa errichtete Wohnhaus gehörte einst Louis Ullstein, dem vermögenden Erben des gleichnamigen Großverlags. Nach seinem plötzlichen Tod im Jahr 1933 veräußerte die Witwe das Anwesen – ob der Verkauf im Jahr des Machtantritts der Nazis allein diesem Schicksalsschlag geschuldet war oder auch politische Gründe eine Rolle spielten, konnte nie endgültig geklärt werden. Ein späterer Antrag der Ullstein-Erben auf Rückübertragung wurde jedenfalls abgelehnt. Gegen Ende der Fünfzigerjahre erwarb das Bundesfinanzministerium das Haus mit dem parkartigen Garten und stellte es dem Vereinigten Königreich als Berlin-Sitz für den Botschafter zur Verfügung, dem in der von Alliierten kontrollierten, geteilten Stadt der Rang eines Missionschefs zukam. Die Situation änderte sich mit dem Fall der Mauer und der sogenannten Hauptstadtentscheidung Anfang der Neunzigerjahre. Die britische Botschaft zog von Bonn nach Berlin, und ihr verträumter Zweitwohnsitz im Grunewald dient nun seit 1999 als Residenz des diplomatischen Vertreters Ihrer Majestät in Berlin. Die repräsentativen Gaben des Hauses sind sozusagen ererbt: Neben schönen historischen Details wie Stuckdecken, Flügeltüren und Parkett beeindruckt vor allem die herrliche Raumflucht mit Kaminzimmer, Salons und einem Speisesaal, der sich je nach Anzahl der Gäste verkleinern oder erweitern lässt. Auch wenn sich die eigentlichen Privaträume des Botschafterpaars im Obergeschoss befinden, ist ebenso den repräsentativen Räumlichkeiten eine fast intime Behaglichkeit eigen. Teppiche, das für englische Interieurs geradezu obligatorische Chintzsofa vor einem Teetisch, viele Bilder und gemütliche Polstermöbel schaffen eine persönliche Atmosphäre, die vergessen macht, dass hier eigentlich die Regeln der hohen Diplomatie obwalten. Sogar die gerahmten Aufnahmen des königlichen Paars auf dem polierten Sideboard wirken wie Familienfotos.

IRLAND

So entfaltet sich in den großen, lichten Räumen mit den gedeckten Naturfarben und dem geradlinigen Mobiliar eine ganz eigene, schöne Ruhe.

An Selbstbewusstsein hat es dem Bauherrn damals offenbar nicht gemangelt. Direkt gegenüber der palastartigen Villa Harteneck im Stil der Neorenaissance ließ sich Julius Flechtheim, vermögender Generaldirektor der IG Farben, im Jahr 1929 ein für damalige Verhältnisse geradezu verwegen modernes Flachdachgebäude errichten. Architekt des geradlinigen Klinkerbaus war der Schweizer Otto Rudolf Salvisberg, seinerzeit einer der Protagonisten der Moderne in der deutschen Hauptstadt. Das Haus ist einer der wenigen modernen Wohnbauten, die sich im Grunewald gegen die Übermacht der historisierenden Villen mit ihren Türmchen und Erkern haben behaupten können. So gesehen ist es vielleicht ganz passend, dass ausgerechnet der Botschafter der kleinen, für Eigensinn und Widerborstigkeit bekannten Republik Irland hier eingezogen ist. Seit Ende der Achtzigerjahre hatte das denkmalgeschützte Gebäude in der Douglasstraße leer gestanden und war zusehends verfallen. Erst mit der Renovierung und dem Umbau zur Residenz kam wieder Leben in die schönen Mauern. Und auch das irische Wappen – die Harfe auf blauem Grund – passt sehr gut über das Vordach des mächtigen Eingangsbereichs aus hellem Travertin. Mit seinem flexiblen Grundriss genügt das Haus sowohl den raumgreifenden repräsentativen Ansprüchen einer diplomatischen Adresse als auch den privaten Rückzugsbedürfnissen einer Familie, die das Obergeschoss als persönlichen Bereich reklamiert. Der irische Designer Michael Bell verstand es meisterhaft, die verbliebenen Art-déco-Elemente, insbesondere die fein gearbeiteten Einbauten und Verkleidungen aus Holz, mit den erforderlichen Erneuerungen zu versöhnen. Für die Auswahl seiner Materialien, Formen und Farben orientierte er sich an Vorbildern aus der Entstehungszeit des Hauses. So entfaltet sich in den großen, lichten Räumen mit den gedeckten Naturfarben und dem geradlinigen Mobiliar eine ganz eigene, schöne Ruhe.

ISLAND

Die typisch nordische Geisteshaltung, geprägt von einer Art Generalverdacht gegenüber jeglichem Pomp, prägt auch die Einrichtung.

Der Halensee ist natürlich kein wirklicher Ersatz für das Nordmeer, doch es passt ganz gut, dass ausgerechnet Island seine Residenz auf einem innerstädtischen Wassergrundstück errichtet hat. Die Adresse in der Trabener Straße gehört schon zum Grunewald, mithin zu einer der feinsten Gegenden Berlins, und atmet Diskretion und bourgeoise Gediegenheit gleichermaßen. In seiner Noblesse passt der Neubau aus dem Jahr 2005 also bestens hierher. Das von isländischen Architekten errichtete Gebäude besteht aus zwei Baukörpern: dem Haupthaus für die repräsentativen Aufgaben des Botschafters sowie dem zum Seeufer gelegenen Wohntrakt. Es war nicht leicht, dem steil abfallenden Gelände ein so selbstbewusstes, solides Bauwerk abzutrotzen, das in seiner

Zurückhaltung und Eleganz als wunderbares Beispiel für den anhaltenden Reiz skandinavischen Designs gelten darf. Diese typisch nordische Geisteshaltung, geprägt von einer Art Generalverdacht gegenüber jeglichem Pomp, prägt auch die Einrichtung. Die maßgefertigten Einbauten sind aus hellen Hölzern, bei Polstern und Möbeln dominieren behagliche Naturfarben und klare, einfache Formen. Ein überraschender Kontrast ist den Bewohnern allerdings bei der Auswahl der Kunstwerke gelungen: An den Wänden hängen großformatige Bilder im grellen, überzeichneten Stil japanischer Mangas. Folklore-Accessoires oder landestypische Souvenirs sucht man hier vergeblich. Isländische Frische und Natürlichkeit wurden der Einfachheit halber gleich eingebaut.

ISRAEL

In nahezu allen Räumen finden sich antike Zeugnisse der jahrtausendealten Geschichte des über die ganze Welt verstreut lebenden jüdischen Volkes.

Der israelische Botschafter hat es nicht weit zu seinem Arbeitsplatz. Denn gleich neben der Residenz befindet sich auch der Botschaftsneubau; die beiden Gebäude teilen sich ein weitläufiges Grundstück in Berlin-Schmargendorf. Doch während Konsulat und Kanzlei in einem architektonisch sehr eigenwilligen, modernen Bau untergebracht sind, wohnt der Botschafter in einer klassischen Villa aus dem Jahr 1929, die der wohlhabende Berliner Kaufmann Hermann Schöndorff im Stil eines barocken Landsitzes für sich errichten ließ. Das Haus mit Muschelkalkfassade und Kupferdach birgt in seinem Inneren einen fast altmodischen Luxus, der die Jahre überstanden hat und nach sorgfältiger Instandsetzung einen prächtigen Rahmen für die repräsentativen Anlässe des Diplomaten abgibt. Neben blattgoldverziertem Stuck finden sich aufwändige Schnitzereien, Intarsienparkett und geradezu aristokratische Raumfluchten. Der Innenarchitektin Esther Bachrach aus Tel Aviv ist es gelungen, die ergänzenden Einbauten, das neue Mobiliar und die üppige, denkmalgeschützte historische Substanz auf zurückhaltend moderne Weise zu harmonisieren und darüber hinaus wertvolle Antiquitäten und Kunstwerke in das Arrangement zu integrieren. Herz des Gebäudes ist die zentrale, zweigeschossige Halle, die sich nach allen Seiten zu den Räumlichkeiten öffnet und auch die beiden Ebenen des Hauses zueinander in Beziehung setzt. In nahezu allen Räumen finden sich antike Zeugnisse der jahrtausendealten Geschichte des über die ganze Welt verstreut lebenden jüdischen Volkes. Vom Salon aus geben große Fensterfronten den Blick zum Garten und das Geschehen im benachbarten Botschaftsgebäude frei. Trotz der permanenten Bewachung durch Sicherheitskräfte konnte sich hier ein ganz normaler Alltag entfalten. Der Kindergarten auf dem Nachbargrundstück entsendet manchmal eine kleine Delegation neugieriger Besucher, und ab und zu landet von der anderen Seite auch ein Tennisball im Garten.

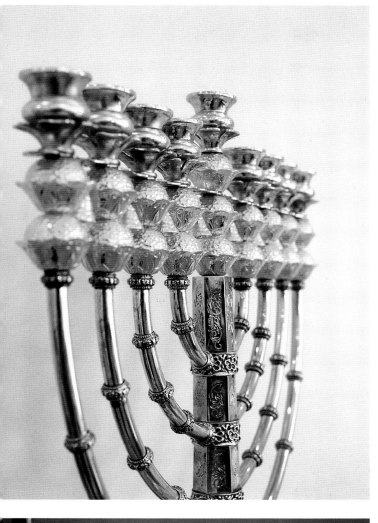

ITALIEN
Das mächtige Anwesen wurde in einer monumentalistischen Spielart der Neorenaissance errichtet und besticht im Inneren mit einer an Cäsaren und Päpsten geschulten Repräsentativität.

Hier wirkt ein besonderer Zauber. Er verwandelt die Botschafterwohnung am Rande des Tiergartens in eine florentinische Palast-Etage und gibt, so will es scheinen, auch dem Himmel ein tieferes Blau. Benvenuto, willkommen in Italien, dessen Repräsentanz sich im alten Diplomatenviertel der Stadt eingerichtet hat. Dafür wurde das alte, von Bomben halb zerstörte Botschaftsgebäude der ehemaligen Achsenmacht wiederbelebt, das 1942 fertiggestellt, jedoch nie genutzt wurde und nach dem Zweiten Weltkrieg über 40 Jahre lang verfiel. Das mächtige Anwesen wurde in einer monumentalistischen Spielart der Neorenaissance errichtet und besticht im Inneren mit einer an Cäsaren und Päpsten geschulten Repräsentativität: weite Säle, hallenartige Flure, hohe Portale. Der kunstvolle Eklektizismus der Einrichtung vereint Wandtäfelungen aus dem Rokoko mit mittelitalienischen Marmorbrunnen aus dem 15. Jahrhundert, glänzenden Terrazzo mit dem Geschirr aus dem Königshaus von Savoyen und altem Tafelsilber. Inmitten dieser von langer Geschichte und tiefer Bedeutung strotzenden Attribute ist es dem Botschafterpaar gelungen, den Räumen eine elegant-moderne, unverkennbar mediterrane Leichtigkeit einzuhauchen. Dass Italien manchmal keine Frage der Geografie ist, beweist vor allem die großzügige Loggia. Von hier genießt man eine weite, klare Sicht über den Park, bis zu den Hochhäusern am Potsdamer Platz und den gleißenden Fassaden des Regierungsviertels. Den schönen Ausblick rahmen Säulen und Brüstungen aus hellem römischen Travertin. Und irgendwie sehen die Berliner Pappeln aus wie Pinien.

RESIDENZ DES BOTSCHAFTERS 173
ITALIEN

174 RESIDENZ DES BOTSCHAFTERS
ITALIEN

JORDANIEN

Das fußballtorgroße Fenster im Salon lässt sich per Knopfdruck in den Boden versenken, so dass an schönen Tagen der frische, von Bäumen gesäumte Rasen und die blühenden Blumen zu einem Teil der Einrichtung werden.

Das Haus ist ein idealtypischer Vertreter der Nachkriegs-moderne – ein eleganter, weißer Flachbau mit großen Fensterfronten und einem Swimmingpool im Garten. Eine solche Architektur verlangt geradezu nach Sonne und blauem Himmel, und so gesehen passt es auch ganz gut, dass ausgerechnet der Botschafter des Schönwetter-Landes Jordanien hier residiert. Das Anwesen an der Podbielskiallee in Berlin-Dahlem vereint die elegante Lineatur der Fünfzigerjahre mit lichten, hellen Räumen. Die Messingrahmen von Türen und Fenstern sind im Original-zustand erhalten, ebenso der Handlauf entlang der Treppe zum Obergeschoss. Die Einrichtung indes spiegelt viel von der Wohnkultur des Heimatlandes der Bewohner wider.

Gemusterte Teppiche, behagliche, farbige Polster und zahl-reiche Antiquitäten aus dem Nahen Osten verleihen der kühlen Geradlinigkeit der Architektur mit ihren Glastüren und Steinböden eine sehr persönliche, warme Note. Das fußballtorgroße Fenster im Salon lässt sich per Knopfdruck in den Boden versenken, so dass an schönen Tagen der frische, von Bäumen gesäumte Rasen und die blühenden Blumen zu einem Teil der Einrichtung werden. Es ist vor allem diese unkomplizierte, übergangslose Verknüpfung von Innen und Außen, von der die Atmosphäre des Hauses profitiert. So manche Gesprächsrunde, die in den tiefen, weichen Sesseln im Salon ihren Ausgang nahm, endete im Garten unter dem nachtblauen Himmel Berlins.

الحسين بن

KUWAIT

Azurblaue Decken wölben sich über der spiegelnden Oberfläche des Swimmingpools, in den großen gleißenden Glasflächen zwischen den Räumen und Etagen bricht sich das schräg einfallende Sonnenlicht.

Für Menschen aus den trockenen, wüstenreichen Ländern der Arabischen Halbinsel hat Wasser etwas geradezu Magisches. Es verspricht nicht nur Leben, sondern auch kühlende Linderung und Ruhe. Von daher ist es auch nicht überraschend, dass die Residenz des kuwaitischen Botschafters an ein märchenhaftes Wasserschloss erinnert: Es plätschert, glitzert und funkelt allenthalben. Azurblaue Decken wölben sich über der spiegelnden Oberfläche des Swimmingpools im Untergeschoss, in den großen gleißenden Glasflächen zwischen den Räumen und Etagen bricht sich das schräg einfallende Sonnenlicht und im Garten lässt es sich zwischen Wasserspielen und Blütenkaskaden vortrefflich lustwandeln. Wer hätte gedacht, dass die Fantasien aus Tausendundeiner Nacht in Berlin-Schmargendorf zum Leben erwachen? Das moderne Gebäude in unmittelbarer Nähe des Hubertussees beherbergt neben den repräsentativen Salons und einem Bankettsaal im Erdgeschoss einen besonderen Festsaal mit direktem Blick auf besagten Swimmingpool sowie natürlich private Rückzugsräume und separate Gästezimmer, die sich in den oberen Geschossen befinden. Den grandiosen Mittelpunkt des Hauses bildet eine geschwungene Freitreppe in der großen Halle, die so hell ist, dass sogar immergrüne Pflanzen hier gedeihen. Die Einrichtung kann man mit Fug und Recht als feudale Interpretation des ost-westlichen Diwans interpretieren. Neben allerlei orientalischem Zierrat, arabeskengeschmückten Stoffen, kostbaren Tapisserien und landestypischen Polstern gibt es opulente Kristalllüster, Rokoko-Sofas und antikes Mobiliar alteuropäischer Prägung. Über allem liegen die erlesenen Düfte fremder Hölzer und Essenzen, die der Atmosphäre eine fast überirdische Aura verleihen. Das offene, gastfreundliche Haus ist in den vergangenen Jahren durch viele Veranstaltungen, Modenschauen und Festessen zu einer geschätzten Adresse des diplomatischen Lebens in der deutschen Hauptstadt geworden.

MALAYSIA

Das von Tageslicht erhellte Untergeschoss ist seit dem Umbau ein lebendiger Teil des Hauses und gehört ganz der Entspannung.

Die Residenz des Botschafters von Malaysia nimmt ein idyllisch gelegenes, weitläufiges Gartengrundstück in der Willdenowstraße im Bezirk Berlin-Steglitz ein. Die Gegend in der Nähe des berühmten Botanischen Gartens gehört zu den angenehmsten Wohnquartieren im Berliner Südwesten und ist geprägt von einer ruhigen Vorstadt-Atmosphäre und viel Grün. Das im Stil eines Landhauses errichtete Wohngebäude wurde im Jahr 1915 nach den Plänen des Architekten Walter Schädel errichtet und gehörte ursprünglich dem Verleger Richard Halbeck. Seit seiner Entstehung erfuhr es mehrfache Umbauten und Ergänzungen; zuletzt wurde es Anfang der Neunzigerjahre komplett renoviert und umgestaltet. Nach dem Entwurf der Berliner Architekten Boss & Frey verwandelte sich der Altbau in ein großzügiges Wohnhaus, das seit Dezember 2006 als Residenz des obersten diplomatischen

Repräsentanten des südostasiatischen Staates dient. Die mehr als 1.000 Quadratmeter Wohnfläche auf den insgesamt fünf Etagen dienen neben den üblichen Repräsentationspflichten vor allem dem privaten Rückzug des Botschafters. Ein offen gestalteter, weitläufiger Wohn- und Essbereich mit separater Bar und Kamin erstreckt sich über das gesamte Erdgeschoss; eine Wendeltreppe führt zur Bibliothek im ersten Stock. Dort befindet sich auch der Zugang zur Sonnenterrasse des Hauses. Neben der Bibliothek liegen auf dieser als Galerie angelegten Ebene vier Schlafzimmer mit jeweils eigenen Bädern und großem Balkon. Das von Tageslicht erhellte Unterge-schoss ist seit dem Umbau ein lebendiger Teil des Hauses und gehört ganz der Entspannung. Hier gibt es nicht nur einen Swimmingpool nebst Sauna und Whirlpool, sondern auch einen Weinkeller.

MAROKKO

Frühmoderne europäische Architektur und maghrebinische Wohntradition gehen eine außergewöhnliche Wahlverwandt-schaft ein.

Wenn die Geschichte dieses Hauses nicht wahr wäre, hätte wahrscheinlich Ian Fleming, der Erfinder von James Bond, sie sich ausgedacht. Schließlich gibt die Villa alles her, was man für einen spannenden Spionagethriller braucht: eine Reihe illustre Bewohner in heikler politischer Mission sowie ein paar szenographische Besonderheiten, von denen noch die Rede sein wird. Doch zunächst die harmlosen Tatsachen. Das Gebäude wurde 1914 von Otto Bartning, Kirchenbaumeister, Stadtbauvisionär und Direktor der Staatlichen Bauhochschule Weimar, errichtet. Heute steht es unter Denkmalschutz. Doch dann wird es auch schon interessant. Denn unmittelbar nach dem Ende des Zweiten Weltkriegs bezog hier General Eisenhower, Oberbefehlshaber der amerikanischen Streitkräfte, sein Berliner Quartier. Ihm folgte Lucius D. Clay, Militärgouverneur und Vater der Berliner Luftbrücke. Mit diesen bedeutenden Bewohnern verwandelte sich die Adresse in eine brisante Geheimdienstangelegenheit. So wunderte sich denn auch niemand so richtig, als bei der jüngsten Renovierung vor dem Einzug des marokkanischen Botschafters

eine Abhöranlage in der Wärmesteigleitung gefunden wurde. Es ist wohl dem Denkmalschutz und der sorgfältigen Planung des Berliner Architekturbüros Kolb & Ripke zu verdanken, dass auch eine sagenhafte Bleikammer im Obergeschoss erhalten werden konnte, die einst die hier lagernden Pelze vor Motten schützte und in Anbetracht der Geschichte allerhand Anlass für fantastische Spekulationen gibt, in denen 007 durchaus eine Rolle spielen könnte. Auch das rustikale Ausschankzimmer im Keller gibt es noch, in dem vielleicht über so manches politische Schicksal entschieden wurde. Natürlich lächeln die heutigen Hausherren über solche filmreifen Vorstellungen. Sie bewohnen schließlich keinen fiktionalen Schauplatz, sondern ein feines Anwesen, in dem frühmoderne europäische Architektur eine Wahlverwandtschaft mit maghrebinischen Wohntraditionen eingegangen ist. Neben Teppichen und Antiquitäten aus der Heimat ist dies vor allem ein sogenanntes Mouscharabieh, dessen aufwändige Schnitzereien die Garderobe im Eingangsbereich verkleiden.

NAMIBIA

So kommt es, dass über den kristallenen Sektkelchen ein paar vorwitzige Giraffen aus der Tischdekoration blinzeln oder kleine Wüstenfüchse am Tellerrand kauern.

Dass der politische Aufbruch zu Beginn der Neunzigerjahre nicht auf Europa beschränkt blieb, beweist die junge
Demokratie in Namibia. Das Land erlangte nach dem Ende
der Kolonialära und dem anschließenden, 50 Jahre wäh-
renden Apartheid-Regime im Jahr 1990 seine politische
Unabhängigkeit. Dank seiner friedlichen Entwicklung
gehört es seither zu den wenigen verlässlichen Größen
des kriegs- und krisengeschüttelten schwarzen Kontinents
und ist seit einigen Jahren auch diplomatisch in Berlin
vertreten. Das Haus in der Schweinfurter Straße im grünen
Dahlem gehört zu den festen Treffpunkten der hauptstädti-
schen Diplomatie – und wahrscheinlich auch zu den fröh-
lichsten. Die gediegene Atmosphäre der schönen Villa mit
den hohen, lichten Räumen, den Stuckleisten und einem
verzierten Kamin entspricht natürlich den repräsentativen
Anforderungen; doch mit herrlichen Einfällen verstehen es
die Bewohner, die erwartungsgemäßen Standards aufzulo-
ckern. So kommt es, dass über den kristallenen Sektkelchen ein paar vorwitzige Giraffen aus der Tischdekoration
blinzeln oder kleine Wüstenfüchse am Tellerrand kauern. Es
sind diese kleinen Reminiszenzen an die ferne Heimat, die
dem Haus eine sehr persönliche Note verleihen. Neben
kostbaren Sammlerstücken und Wohnaccessoires prägen
auch Kunstwerke und Souvenirs aus Namibia die behagliche Atmosphäre. Die dominierende Farbe, ein warmes
Gelb, erinnert in der Abendsonne an die Savannen Afrikas.

NORWEGEN

Skandinavische Geradlinigkeit, viel Holz und frische Farben charakterisieren die Einrichtung.

Keine Frage – die klassische Moderne stand Pate beim Neubau der Residenz Norwegens. Das Haus entstand nach dem Entwurf des norwegischen Architekten Stein Halvorsen und erinnert im komplexen Zusammenspiel seiner schwebenden Dächer, Pergolen und Terrassen sowie der fast physikalischen Beziehung der einzelnen Gebäudeteile an die Großmeister des Neuen Bauens. Weil den Bauherren besonders die enge Verknüpfung von Innen und Außen am Herzen lag, wurde auch auf die Gestaltung des Gartens viel Wert gelegt. Sie lag in den Händen der Berliner Landschaftsarchitekten ST raum a. und bildet vor allem durch die rustikale, geradezu raue Gartenmauer aus roh gebrannten Ziegeln einen eigenwilligen, starken Rahmen für das Gebäude. So zahlt sich die Öffnung in den Garten vor allem bei größeren Empfängen aus: Zum Nationalfeiertag verkraftet die Residenz auch 300 Gäste, die dann mit Gläsern und dem obligatorischen Lachs zwischen Garten und Haus lustwandeln.

Den starken Bezug zur Landschaft mag man für eine landestypische Neigung halten – in diesem Gebäude prägt er auch die Inneneinrichtung. Skandinavische Geradlinigkeit, viel Holz und frische Farben charakterisieren die Einrichtung. Manche der großen Fensterfronten sind wie Regale gestaltet – halb Wand, halb Ausblick. Die schönen, sehr klassisch gehaltenen Möbel sind Entwürfe der norwegischen Innenarchitektin Beate Ellingsen und werden durch eine Mischung aus schlicht-eleganten und antik-rustikalen Accessoires ergänzt. Auch in dieser Residenz findet sich die übliche funktionale Trennung von repräsentativen Bereichen, naturgemäß im Erdgeschoss lokalisiert, und den Privaträumen der Familie im Obergeschoss. Ob der Computer im Entree eine Spielerei des technikverliebten Hausherrn ist oder doch protokollarische Notwendigkeit? Jedenfalls erfahren die ankommenden Gäste schon hier, wo sie dann an der großen Tafel Platz zu nehmen haben.

ÖSTERREICH
Alles in diesem Gebäude zeugt von der mit Stolz und Selbstbewusstsein angemaßten Schöpferrolle des Baumeisters.

Man wäre nicht überrascht gewesen, in der Residenz des österreichischen Botschafters auf k.u.k.-seligen Prunk habsburgischer Provenienz zu stoßen. Stattdessen: frappante Moderne von einem ganz Großen der internationalen Architektur. Tu felix Austria. Denn der wohl berühmteste Architekt des Landes, Hans Hollein, lieferte den Entwurf für das Haus an der Ecke Stauffenberg-/Tiergartenstraße und erfüllte sich damit vielleicht auch einen persönlichen Wunsch. Denn abgesehen von seiner Beteiligung an der gemeinschaftlichen Planung eines Wohnhauses im Rahmen der IBA 1984 war er nie wirklich in der Stadt angekommen, mit der er sich im Laufe seines Architektenlebens so oft und intensiv auseinandergesetzt hatte. Nun also gleich die neue Botschaft mit angeschlossener Residenz. Wer vom Regierungsviertel zu den diplomatischen Vertretungen im südlichen Tiergartenviertel unterwegs ist, kommt an Holleins Bau nicht vorbei.

Die Residenz des Botschafters der Alpenrepublik befindet sich im Erdgeschoss und nimmt mit ihrer Atmosphäre die moderne, zuweilen verstörend avantgardistische Architektur des Hauses vorweg. Und es wäre nicht Hans Hollein, wenn gängige protokollarische Traditionen bei der Gestaltung der Räume eine Rolle gespielt hätten. Der Architekt setzte sich kühn über alle Erwartungen hinweg und komponierte ein postmodernes Repräsentationsspektakel, in dem hochglanzpolierter Stein mit warmen Hölzern, weichen Polstern, alten Ölgemälden und Lichtleisten aus Chrom auskommen muss, während sich andernorts farbenfrohe Sitzgelegenheiten, Möbelklassiker und arabeskenreiche Wandverkleidungen um friedliche Koexistenz mit Rokoko-Antiquitäten bemühen. Alles in diesem Gebäude zeugt von der mit Stolz und Selbstbewusstsein angemaßten Schöpferrolle des Baumeisters. Er hat selbst den Flügel im Festsaal entworfen.

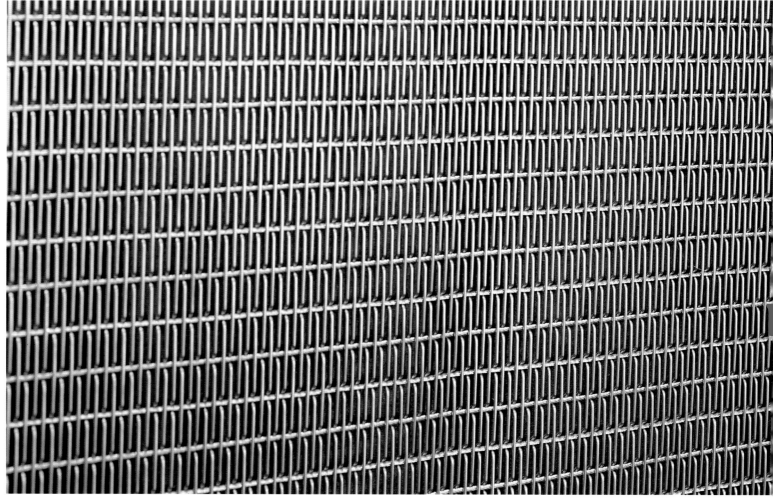

RUSSLAND
Um die Botschaft, einem alten Brauch folgend, auf russischer Erde zu errichten, wurden damals 150 Pferdekarren aus dem Zarenreich an die Spree geschickt.

Das Gebäude der russischen Botschaft Unter den Linden ist zweifellos von imperialer Statur. Als einziges Bauwerk entlang des Boulevards gönnt es sich einen Ehrenhof, der dem etwas zurückgesetzten Botschaftsbau vorgelagert ist und von einem schweren Gitterzaun vom Treiben auf der Straße abgeschirmt wird. Das Haus befindet sich auf historischem Grund. Hier wurde in der Mitte des 19. Jahrhunderts ein Palais für den obersten Gesandten des Zaren Nikolaus I. in Berlin errichtet. Um die Botschaft, einem alten Brauch folgend, auf russischer Erde zu errichten, wurden damals 150 Pferdekarren aus dem Zarenreich an die Spree geschickt. Ein Stück Russland in Berlin – so nannte der Botschafter damals sein neues Anwesen unweit des Brandenburger Tors. Dort betrieb er sein diplomatisches Alltagsgeschäft und hielt rauschende Empfänge und Bälle ab. Und er verlegte auch seine Wohnung in das noble Haus. Die zaristische Pracht des Interieurs war märchenhaft. Doch als 1914 der Erste Weltkrieg ausbrach, berief das damals schon krisengeschüttelte Russland seine adligen Vertreter ab. Sie sollten nicht wiederkommen. Denn nur wenige Jahre später stürzte die Oktoberrevolution die alten Machtverhältnisse in Russland, und

im März 1918 zogen die diplomatischen Vertreter der Bolschewiken in das Palais. Ob sie die dekadente Fülle des Hauses zu schätzen wussten, werden wir wohl nicht mehr erfahren. Nach dem Zweiten Weltkrieg war von dem Gebäude nicht mehr viel übrig. Der notwendige Neubau, der lange Zeit als Vertretung in der DDR diente, wurde ursprünglich als Repräsentanz im einheitlichen Deutschland konzipiert – eine Rolle, die er erst seit 1999, fünfzig Jahre nach dem Baubeginn, spielen darf. Und so nimmt die heutige Botschaft, die gut dreimal so groß ist wie ihre klassizistische Vorgängerin, nicht nur ein unverhältnismäßig riesiges Grundstück ein, sondern setzt ihren triumphalen Auftritt auch im Inneren fort. Ein zwanzig Meter hoher Kuppelsaal ist das Herz des Gebäudes und lässt alle Besucher vor Ehrfurcht erstarren. Weißer, roter und schwarzer Marmor, mächtige Säulen, riesige Treppen und Säle beweisen, dass auch die Diktatur des Proletariats einen Hang zu absolutistischer Repräsentation im Stil von Kaisern hatte. Die eigentliche Residenz im vierten Obergeschoss des Hauses spiegelt diesen Prunk in etwas kleinerem, dafür aber nicht minder beeindruckenden Maßstab wider.

SCHWEDEN

Die Einrichtung wird, wie es sich gehört, von klassisch skandinavischem Design und moderner Kunst aus Schweden geprägt.

Dass die Residenz des schwedischen Botschafters früher ein geradezu klassisches Wohnhaus im Landhausstil war, erscheint angesichts der supermodernen äußeren Erscheinung des Gebäudes unmöglich. Doch die geometrisch exakte Geradlinigkeit, das Flachdach und glatte, moderne Materialien sind das Ergebnis einer gründlichen Häutung, die das 1940 errichtete Haus für seine zweite Karriere als Botschafterresidenz über sich ergehen ließ. Vom weit nach unten gezogenen Giebeldach, den braven Fenstern und dem Jägerzaun aus den alten Tagen ist nichts mehr zu sehen. Das von dem Architekten Wilhelm von Gumberz entworfene Haus in der Pücklerstraße in Dahlem mietete Schweden gegen Ende der Fünfzigerjahre für den Generalkonsul des Landes in Berlin. Hier trafen sich zu Zeiten des Kalten Kriegs nicht nur befreundete Diplomaten zum Tee, sondern auch Unterhändler aus Ost und West. Dass Willy Brandts erfolgreiche Ost-Politik hier mit Hilfe schwedischer Vermittler ihren Anfang nahm, wissen nur wenige. Schweden erwarb das Anwesen in den Sechzigerjahren. Nach der deutschen Vereinigung war klar, dass hier die Residenz des Botschafters entstehen sollte. Die dafür erforderlichen Umbau- und Erweiterungsarbeiten wurden schwedischen Planern und Architekten anvertraut. Sie nutzten die historischen Strukturen des Hauses als Grundlage für eine fundamentale Veränderung. Das gesamte Obergeschoss wurde abgetragen und erneuert; das Untergeschoss erhielt zwei flankierende Ergänzungsbauten, die einen neuen Speisesaal sowie einen repräsentativen Wintergarten beherbergen. Insgesamt umfassen die Gesellschaftsräumlichkeiten gut 300 Quadratmeter. Die obere Etage gehört den Privaträumen sowie zwei kleinen, separaten Wohnungen. Die Einrichtung wird, wie es sich gehört, von klassisch skandinavischem Design und moderner Kunst aus Schweden geprägt.

SCHWEIZ

Wände in kräftigem Karminrot, mächtige Kronleuchter, Holzvertäfelungen und schönes Parkett bilden den Rahmen für Bankette und feierliche Empfänge.

Wer heute den Spreebogen entlang durch das Regierungsviertel spaziert, verliert angesichts der mächtigen Architektur von Kanzleramt und Parlamentsbauten das Gespür für die normale Stadt drumherum. Hier fühlt sich alles so anders an, sieht alles so anders aus. Die Sichtbeton-und-Glas-Parade wird nur von einem Haus unterbrochen, das mit seinen kannelierten Pilastern und einem Attikagesims wie ein in Ehren ergrauter Veteran inmitten einer Versammlung gelackter Hagestolze wirkt. Es ist die Botschaft der Schweiz. Dass dieses Gebäude als einzige Botschaft auf geradezu erratische Weise im nagelneuen Regierungsviertel Berlins steht, hat einen einfachen Grund: Es war schon da, lange bevor man von der Zentrale einer gesamtdeutschen Regierung in Berlins schönster Uferlage zu träumen wagte. Das Haus selbst stammt aus dem Jahr 1870 und wurde von Friedrich Hitzig entworfen. Seit 1919 ist es im Besitz der Schweizerischen Eidgenossenschaft. Auf wundersame Weise überstand es Albert Speers Umbaupläne, die Bomben des Zweiten Weltkriegs und die Teilung der Stadt. Und so war klar, dass es nach Mauerfall und Regierungsumzug wieder als Botschaft des Landes dienen soll. Allein, für die modernen Ansprüche an Kanzlei und Mission erwies es sich als zu klein, so dass ein Anbau nötig wurde. Das Büro Diener + Diener errichtete 1999 einen Appendix, der dem neuen Geist des Ortes entsprechend ganz in Sichtbeton gehalten ist. Dem Altbau nimmt diese Ergänzung nichts von seinem historischen Glanz. Schon gar nicht im Inneren, wo der Botschafter residiert. Wie man es von einer bedeutenden diplomatischen Adresse erwartet, sind die Räume ausgesprochen prunkvoll. Wände in kräftigem Karminrot, mächtige Kronleuchter, Holzvertäfelungen und schönes Parkett bilden den Rahmen für Bankette und feierliche Empfänge. Das Dach wurde so renoviert, dass es von den Gästen und Bewohnern als Aussichtsplattform genutzt werden kann. Von hier genießt man einen weiten Blick über das Regierungsviertel und das riesige Areal des neuen Berliner Hauptbahnhofs. Und das sichere Gefühl, sich in einem Haus zu befinden, das so ist wie die Eidgenossen selbst: standhaft bis zur trotzigen Selbstbehauptung.

SINGAPUR
Versteckter Glamour ist dem Gebäude bis heute zu eigen.

Wer das schöne Anwesen in der Miquelstraße 75 in Berlin-Dahlem betritt, wird von einer Atmosphäre diskreter Eleganz umfangen, die für diese Gegend nicht ganz untypisch ist. In der weißen, mit dunklen Schindeln gedeckten Villa mit dem prächtigen Blumengarten residiert inzwischen der Botschafter von Singapur. Das Haus selbst wurde 1915 errichtet und diente einst dem deutschen Schauspieler Curd Jürgens als Refugium. Versteckter Glamour ist dem Gebäude bis heute eigen. Das elegante Interieur, viel Licht und großzügige Wohnbereiche mit behaglichen Sofas verwandeln das diplomatische Gebot der Repräsentativität in eine freundliche Einladung. Die westlichen Parameter gediegener Wohnkultur wie edles Parkett, wertvolle Polster und Kronleuchter vereinen sich hier mit fernöstlicher Malerei, Pflanzen und Rosenholzmobiliar zu einem harmonischen Ganzen. Der Innenraumgestaltung ist es gelungen, die Bereiche für offizielle Empfänge und Diners einerseits und private Rückzugsräume für die Familie des Botschafters andererseits auf atmosphärisch feinsinnige Art voneinander zu unterscheiden. Beeindruckend sind sie alle. Denn die runde Tafel aus Perlmutt, die im Esszimmer der Familie steht, ist wirklich exquisit.

SLOWENIEN

Die klaren Räume kommen ohne Ornamente und Zierrat aus und wollen nicht mehr sein als ein weitgehend neutraler interpretatorischer Rahmen.

Rein historisch gesehen ist der Botschafter Sloweniens ein Newcomer. Schließlich gehört das Land noch nicht sehr lange zur internationalen Staatengemeinschaft; es ging in den Neunzigerjahren aus dem zerfallenen Jugoslawien hervor und sicherte sich dank seiner kooperativen und offenen Politik rasch eine unangefochtene Position auf der europäischen Landkarte. Mit der nationalen Souveränität ergaben sich natürlich auch die üblichen diplomatischen Verpflichtungen. Der Vertreter Sloweniens in Deutschland arbeitet in Berlin-Mitte und wohnt wie viele seiner Kollegen am grünen Stadtrand im Südwesten. Die Residenz befindet sich in einem denkmalgeschützten Wohnhausensemble an der Thielallee in Dahlem und wurde Ende der Zwanzigerjahre von den Architekten

Rosenwald und Hübner errichtet. Das Gebäude ist ein typischer Vertreter der gemäßigten Moderne und beeindruckt weniger mit Pomp und Prunk als mit einer zurückhaltenden, fast schüchternen Eleganz. Die klaren Räume kommen ohne Ornamente und Zierrat aus und wollen nicht mehr sein als ein weitgehend neutraler interpretatorischer Rahmen. Hier ist nahezu jeder Einrichtungsstil denkbar. Die Hausherren indes entschieden sich für klassische Behaglichkeit. Ausgesuchte Möbel, Teppiche und viele Bilder prägen das Interieur. Die Bankette des slowenischen Botschafters beziehen ihren Charme aus der fast privaten Atmosphäre der repräsentativen Räume und wirken dank der unaufgeregten, wenig staatstragenden Umgebung wie große, fraglos festliche Familienfeiern.

SPANIEN
Erhabene Architektur gibt dem kostbaren Mobiliar, den Gobelins, Gemälden und Kronleuchtern einen würdigen Rahmen.

Dass Spanien ein Königreich ist, sieht man der Residenz seines diplomatischen Vertreters in Berlin unbedingt an. Mit seinen palastartigen Räumlichkeiten gehört der Wohnsitz des Botschafters sicher zu den beeindruckendsten Adressen der internationalen Diplomatie an der Spree. Das Gebäude selbst wurde erst im Jahr 1938 unter eher unseligen Umständen errichtet. Das faschistische Spanien unter Franco gehörte damals wie Japan und Italien zu den befreundeten Mächten des Hitler-Regimes in Deutschland und sollte diese Allianz mit seiner neuen Botschaft im Tiergartenviertel auch auf architektonische Weise repräsentieren. So entstand nach den Plänen der deutschen Architekten Walter und Johannes Krüger sowie Francos Hausarchitekt Pedro Muguruza Otaño ein mächtiges Gebäude, das Residenz und Botschaft unter einem Dach vereinte. Im Krieg schwer beschädigt, diente ein Teil des Hauses in den Jahren der Teilung Berlins als Sitz des spanischen Generalkonsulats. Allem Werben um einen Verkauf des schön gelegenen Grundstücks widersetzte sich Spanien stets standhaft. So zögerte es bei der Wiedervereinigung nicht eine Minute, es erneut zum Sitz seiner Gesamtvertretung zu machen. Das Haus zeigt sich nach Umbau und Erweiterung als repräsentative Adresse, die bei allem Respekt vor dem historischen Bestand vor allem eine sachliche und klare Architektur prägt. Die jungen Architekten des Büros TYPSA aus Madrid räumten mit dem alten Ballast auf und ließen große Teile des Altbaus abreißen. In Proportion und Gestaltung orientierte sich die Rekonstruktion dieser Strukturen am historischen Vorbild, leistete aber vor allem eine gründliche Modernisierung. Die Inneneinrichung der Repräsentationsräume übernahm Rosa Bernal, die neben der Gestaltung auch über die Platzierung wertvoller Kunstwerke aus dem Patrimonio Nacional entschied. Von imperialer Großzügigkeit sind die repräsentativen Bereiche der Residenz. Erhabene Architektur gibt dem kostbaren Mobiliar, den Gobelins, Gemälden und Kronleuchtern einen würdigen Rahmen. Dieser Noblesse entspricht auch die Außengestaltung. Einzig die etwas exotische Geräuschkulisse will nicht ganz zu dem streng abgezirkelten Garten passen: Wenn der Wind aus Westen weht, hört man ab und zu das wütende Trompeten von Elefanten, durchsetzt von hochtönendem Kreischen tropischer Vögel. Gleich nebenan ist nämlich der Berliner Zoo.

TSCHECHIEN

Mit seinen Pilastern und hohen Fenstern erinnert das in strahlendem Weiß gehaltene Haus an noble Landsitze, die allenfalls von gebührender Distanz aus bewundert werden dürfen.

Auch den Botschafter Tschechiens zieht es ins Grüne. Verständlicherweise, liegt doch sein Dienstsitz an der Wilhelmstraße mitten in der Stadt. Der Kontrast zwischen dem tosenden Zentrum und der beschaulichen Randlage im Grunewald lässt sich in gewisser Weise auch auf die baulichen Unterschiede von Botschaftsbau und Residenz übertragen. Während das Kanzleigebäude mit seinen braun verspiegelten Glasfronten und dem aufgeständerten, an Raumstationen erinnernden Betonkorpus ein Musterbeispiel für den technikverliebten Brutalstil der Siebzigerjahre abgibt, dient eine großbürgerliche Villa aus dem Jahr 1912 als Residenz. Mit seinen Pilastern und hohen Fenstern erinnert das in strahlendem Weiß gehaltene Haus an noble Landsitze, die allenfalls von gebührender Distanz aus bewundert werden dürfen. In den Jahren des Kalten Kriegs diente die Adresse erst als Sitz der Militärmission der Tschechoslowakei, von 1972 bis zur Wende hielt hier der Gesandte des sozialistischen Landes in Westberlin Hof. Nun ist es also das Zuhause des tschechischen Botschafters. Zu diesem Zweck wurden die

Räumlichkeiten gründlich renoviert und in den repräsentativen Bereichen von einer tschechischen Innenarchitektin eingerichtet. Doch man leistete sich aufgrund des erhöhten Platzbedarfs auch eine Neuerung. Das deutsch-tschechische Architektenduo Thomas Müller und Ivan Reimann, in Berlin mit zahlreichen Bauten prominent vertreten, errichtete einen neuen Wintergarten, der das Innere des Hauses nach außen hin öffnet. Der Annex setzt sich gestalterisch durch anthrazitfarbene Wände und massive hölzerne Fensterläden von der ätherischen Erscheinung des historischen Gebäudes ab. Der herrliche Garten, gestaltet vom Schweizer Landschaftsarchitekten Dieter Kienast, wird durch den transparenten Wintergarten mit seinen hohen Stahl-Glas-Türen zu einem Teil des Hauses. Eine Terrasse erweitert das Innere des Raums ins Grüne und bietet eine schöne Kulisse für sommerabendliche Empfänge. Und wenn sich zur blauen Stunde die Magnolien in den schmalen Wasserbecken im Garten spiegeln, kehrt Ruhe ein. Dann ist der Trubel eines Arbeitstages in Berlin-Mitte ganz weit weg.

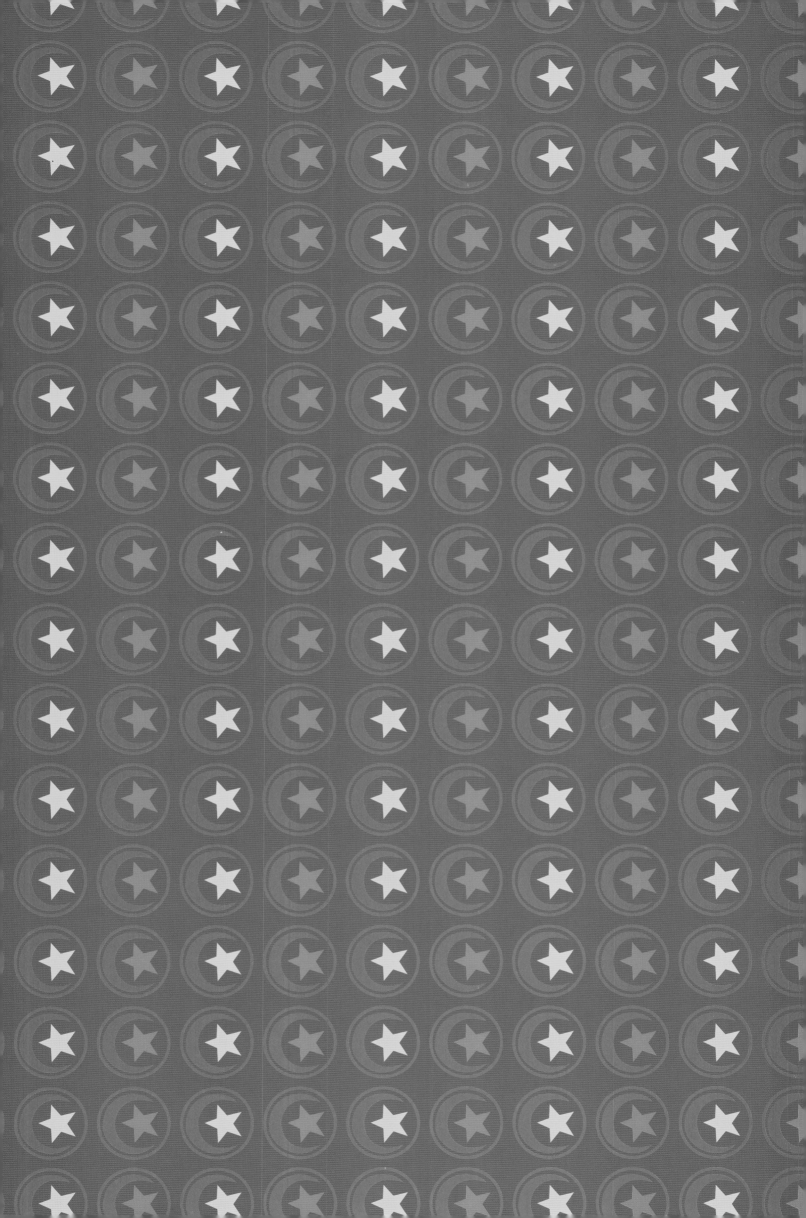

TUNESIEN

Viele Antiquitäten, Silberschmuck, traditionell bestickte Kissen und Polster sowie natürlich kostbare Teppiche geben dem Interieur eine unbestreitbar nordafrikanische Note.

Obwohl man die roten Ziegel als Bekenntnis zu nördlichen Landschaften verstehen könnte, scheint dieses Haus am Mittelmeer zu liegen. Ein wilder, verwunschener Garten mit duftenden Blüten, viel Licht sowie warme, helle Farben wollen nicht so recht in das Bild einer preußischen Villa passen. Denn das Anwesen in Berlin-Zehlendorf dient als Residenz des tunesischen Botschafters. Als klar war, dass die Botschaft Ende der Neunzigerjahre von Bonn nach Berlin ziehen würde, suchten die Mitarbeiter der Mission nach einem geeigneten Wohnsitz für den obersten Diplomaten des Landes. Dass die Wahl ausgerechnet auf dieses Haus fiel, ist wohl einer Mischung aus Instinkt und der Passion für Architektur zu verdanken. Denn die Villa wurde von einem italienischen Architekten entworfen und vereint

mediterrane Leichtigkeit mit nordischer Strenge. Sonniges Gelb und frisches Meerblau prägen die Räumlichkeiten. Viele Antiquitäten, Silberschmuck, traditionell bestickte Kissen und Polster sowie natürlich kostbare Teppiche geben dem Interieur eine unbestreitbar nordafrikanische Note, die überraschenderweise auch mit den europäischen Details der historischen Architektur harmoniert. Das repräsentative Inventar, das sich im Laufe einer Diplomatenkarriere ansammelt, passt eben gut zu Sprossenfenstern, weiß gestrichenen Wendeltreppen und großen Salons mit glänzendem Parkett. In einem seitlichen Anbau befindet sich der wohl größte Luxus des Hauses: ein rundum verglaster Swimmingpool mit Blick in den grünen Garten. Kein Wunder, dass man hier das Gefühl von ewigen Ferien bekommt.

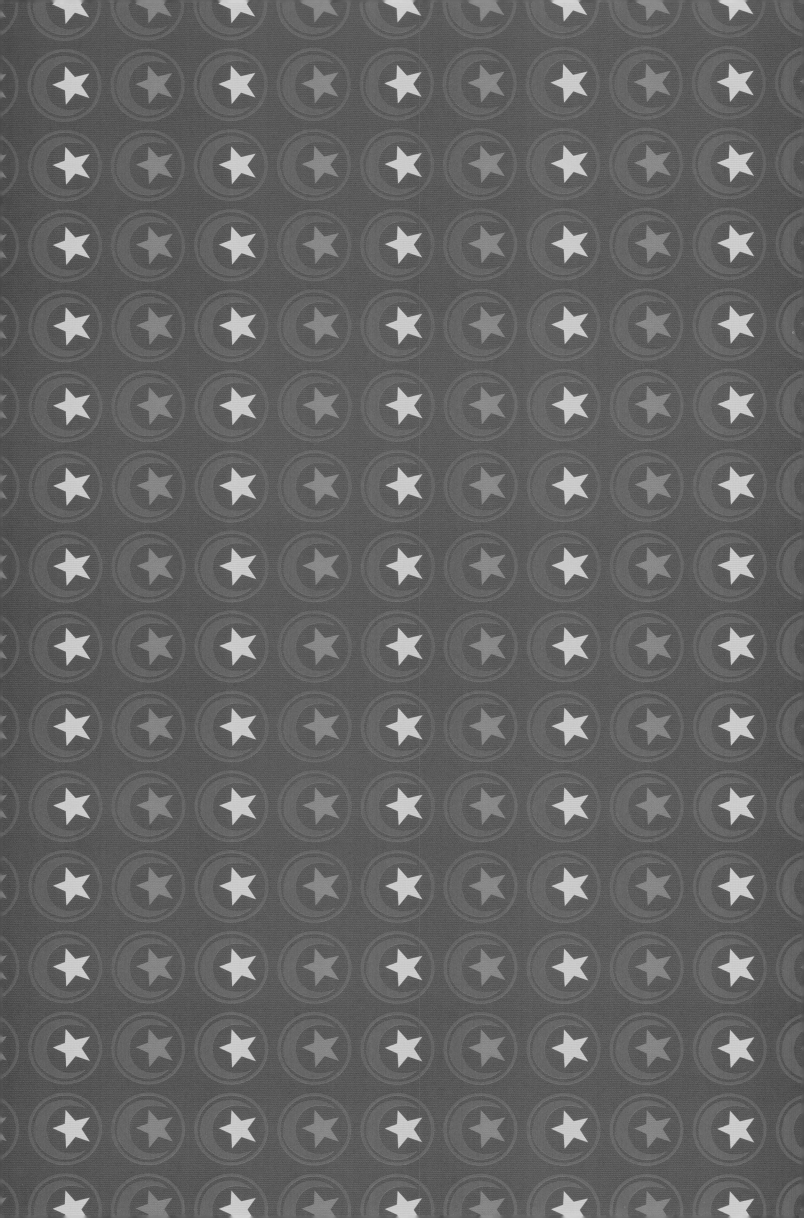

VATIKAN

18 großformatige Fenster, die mit ihren zarten, lichten Farben und fließenden Konturen wie riesige Aquarelle wirken, verleihen der Kapelle eine schwebend-transzendente Aura.

Die Botschaft des Vatikans gehört sicher zu den eigenwilligsten Adressen der modernen Diplomatie. Als Vertretung des Papstes repräsentiert die Apostolische Nuntiatur ja keinen Staat, sondern die im Vatikan ansässige Leitung der katholischen Kirche. Hier wird niemand je ein Visum oder einen Pass beantragen oder um eine Arbeitserlaubnis ersuchen. Die Botschaft des Vatikans verkörpert den politischen Anspruch auf Repräsentation der größten Glaubensgemeinschaft der Welt. So hat mit dem Umzug der Bundesregierung auch der Apostolische Nuntius, der Botschafter des Papstes, ein neues Botschaftsgebäude mit angeschlossener Residenz in Berlin bezogen. Als Standort entschied man sich für ein Grundstück neben der Sankt-Johannes-Basilika am Rande des Volksparks Hasenheide im Bezirk Neukölln. Eigentlich kein Quartier für diplomatische Würdenträger, könnte man meinen. Doch was hier neben der größten katholischen Kirche der Stadt entstanden ist, gehört sicher zu den Botschaftsbauten, die von ihrer selbst gewählten Distanz zum hypertonen Betrieb in Berlin-Mitte in jeder Hinsicht profitieren. Das ansonsten eher introvertierte Haus öffnet sich mit einer hohen Glasfront zu der hellgrauen, neogotischen Fassade der Basilika. Es birgt auf vier Etagen Kanzlei, Bibliothek und Archiv sowie Repräsentationsbereiche und die Wohnräume für den Nuntius, seine Mitarbeiter und einen Schwesternkonvent. Überall finden sich kostbare Möbel aus dem Fundus des Vatikans, die jedoch nie zum Zwecke der Repräsentation ausgestellt sind, sondern die erhabene Stimmung der Räume unterstreichen und immer wieder verdeutlichen, wer hier der Hausherr ist. Eine kleine Kapelle bildet den atmosphärischen Mittelpunkt des Hauses. Meditative Stille und Konzentration, die alle Bereiche der Nuntiatur prägen, scheinen in dem zweigeschossigen, schlicht gestalteten Raum im Nordflügel des Gebäudes fast greifbar. 18 großformatige Glasfenster des Künstlers Wilhelm Buschulte, die mit ihren zarten, lichten Farben und fließenden Konturen wie riesige Aquarelle wirken, verleihen dem Andachtsraum eine schwebend-transzendente Aura.

VEREINIGTE ARABISCHE EMIRATE

Glänzende, gewirkte Vorhänge, große Teppiche und reiche Verzierungen vermitteln den Besuchern etwas vom Reichtum dieses Landes und seiner alten Kultur.

Man könnte fast sagen, dass die Residenzen der arabischen Botschafter an ihrem glänzend polierten hellen Naturstein zu erkennen sind. Dieses kühle Material setzten die Baumeister Arabiens von jeher der dort herrschenden, glühend heißen Sonne entgegen. Und die makellosen Oberflächen von spiegelglattem Marmor sind auch das Markenzeichen des Neubaus, in dem der Gesandte der Vereinigten Arabische Emirate wohnt. Das Haus, eine traumtänzerische Mischung aus italienischem Villenstil und orientalischem Palast, steht im Grunewald. In dieser bürgerlich-gediegenen Umgebung mit schindelgedeckten Wohnhäusern und altem Kopfsteinpflaster wirkt das Gebäude wie eine schöne Fata Morgana:

ornamentreich, irgendwie fantastisch und nicht von dieser Welt. Und weil die orientalischen Traditionen der Hausherren nicht zugunsten einer stilistischen Anpassung an die westlich-nüchterne Optik preisgegeben wurden, konnte eine Residenz entstehen, deren Reiz in der demonstrativen Fremdartigkeit liegt. Es ist wahrscheinlich nur ein kleiner Abkömmling morgenländischen Prunks, doch beeindruckend wirkt das Ganze allemal: tiefe, weiche Polstersofas, thronartige Sessel und diese typischen Mehrsitzer, in denen die Gesprächspartner nebeneinander Platz nehmen. Glänzende, gewirkte Vorhänge, große Teppiche und reiche Verzierungen vermitteln den Besuchern etwas vom Reichtum dieses Landes und seiner alten Kultur.

VEREINIGTE STAATEN VON AMERIKA

Eine Mischung aus jovialem Repräsentationsbewusststein und entspannter Eleganz.

Von einer besonders gelungenen Inszenierung darf wohl immer dann die Rede sein, wenn sich nicht vollständig erklären lässt, was ihren eigentlichen Reiz ausmacht. So ähnlich könnte man auch die Residenz des amerikanischen Botschafters in Berlin beschreiben. Im Grunde genommen ist es eine schöne, weiße Villa, die umgeben von alten Bäumen und gepflegtem Grün auf einer kleinen Anhöhe steht und sich darin nicht sonderlich von den Häusern in der Nachbarschaft unterscheidet. Und doch hat dieses Haus etwas Besonderes. Es weckt ein »amerikanisches Gefühl«. Seine Atmosphäre, bestimmte Blickwinkel und Gegenstände – all das kennt man aus Filmen oder Büchern; ein verdichteter Idealtypus, kondensiert aus unzähligen Szenen, in denen man einen Blick in amerikanische Wohnzimmer werfen durfte. Die Mischung aus jovialem Repräsentationsbewusstsein und entspannter Eleganz ist dem Geschick des amerikanischen Innenarchitekten Graig Jackson Reid zu verdanken, der die Vorzüge der 1922 für einen Bankier errichteten Villa mit den Wünschen und

Ansprüchen der neuen Bewohner versöhnte. Er nutzte vorhandene Werte wie die grün-goldene Stuckdecke im Kaminzimmer, eine blau-weiße Porzellansammlung sowie kostbares Mobiliar als Determinanten der Einrichtung, in der sich nun englische Tapeten, französische Möbel, belgische Teppiche sowie moderne Kunst auf das Vortrefflichste ergänzen. Löst gerade diese kosmopolitische, auf alteuropäisches Erbe gründende Melange – vielleicht das charakteristische Merkmal bürgerlicher amerikanischer Wohnkultur – bei Besuchern ein Déjà-vu aus? Wer weiß. Schließlich blickt das Haus in Dahlem auf eine lange amerikanische Geschichte zurück. Nach Kriegsende residierte hier für viele Jahre der US-Stadtkommandant Westberlins, bevor Ende der Neunzigerjahre beschlossen wurde, die Adresse als Residenz des amerikanischen Botschafters zu nutzen. Es wäre nachzutragen, dass der Braunschweiger Architekt Heiko Vahjen während der Renovierungsphase beauftragt wurde, den Altbau aus Platzgründen um einige Erweiterungen zu ergänzen. Sie sind kaum wahrzunehmen.

ÜBERSICHT

Demokratische Volksrepublik
Algerien
> *11*

Republik Armenien
> *21*

Commonwealth von Australien
> *31*

Königreich Belgien
> *39*

Föderative Republik Brasilien
> 47

Republik Chile
> 57

Königreich Dänemark
> 65

Republik Ecuador
> 75

Republik Estland
> 81

Republik Finnland
> 89

Französische Republik
> 99

Vereinigtes Königreich Groß-
britannien und Nordirland
> 115

Republik Irland
> 129

Republik Island
> 137

Staat Israel
> 149

Italienische Republik
> 161

Haschemitisches Königreich
Jordanien
> 177

Staat Kuwait
> 185

Malaysia
> 193

Königreich Marokko
> 201

Republik Namibia
> 209

Königreich Norwegen
> 217

Republik Österreich
> 225

Russische Föderation
> 233

Königreich Schweden
> 249

Schweizerische
Eidgenossenschaft
> 259

Republik Singapur
> 267

Republik Slowenien
> 275

Königreich Spanien
> 281

Tschechische Republik
> 295

Tunesische Republik
> 303

Staat Vatikanstadt
> 311

Vereinigte Arabische Emirate
> 321

Vereinigte Staaten
von Amerika
> 335